어떻게 이길 것인가

Marine Corps Doctrinal Publication 1: Warfighting
by
The United States Marine Corps(1997)

어떻게 이길 것인가

미국 해병대 전쟁 수행 교리

미국 해병대 지음 | 이은종 옮김

주영사

추천사

미국 해병대 본부 해군과
워싱턴, D.C. 20380-1775

1997년 6월 20일

〈함대해병대 교범 1〉, 즉 〈워파이팅〉은 1989년 출간 이후 해병대 안팎에 큰 영향을 끼쳤다. 그 교범은 해병이 전쟁을 생각하는 방식을 바꾸었다. 논쟁을 활발히 불러일으켰고, 몇몇 외국 언어로 번역되어 외국 군대에서 발간되었으며, 상업적으로 출판되었다. 그것은 우리의 다른 군이 교리를 개발하는 데 강한 영향을 주었다. 현재 우리 해군의 교리는 그 교범에 기술된 것처럼 기동전의 원리에 기초하고 있다. 바다로부터의 작전 기동과 같은 현재 및 최근에 생긴 개념들은 그 교리적 기초를

〈워파이팅〉에 포함된 철학에 두고 있다. 우리의 전쟁 수행 철학은 그 교범에 기술된 것처럼 통합 교리와 조화를 이루어 다른 군과 화합해 운영하는 우리의 능력에 공헌한다.

그렇기는 해도, 나는 〈워파이팅〉이 개선될 수 있고 개선되어야만 한다고 믿는다. 군사 교리는 정체되도록 놔둘 수 없으며, 기동전과 같은 적응 교리는 특히 그렇다. 교리는 경험의 축적, 이론의 진전, 전쟁의 변화하는 면에 기초해 계속 진화해야 한다. 〈워파이팅〉이 개정되고 〈해병대 교리 간행물 1〉이 〈함대해병대 교본 1〉을 대체한 것도 바로 이런 정신에서이다. 나는 이번 개정에 몇 가지 목표가 있다. 한 가지 목표는 전쟁의 본질에 관한 기술을 높이는 것이다. 예를 들어 전쟁의 복잡성과 예측 불가능성을 강조하고 현대전의 새로운 측면을 설명하기 위해 전쟁의 정의를 확대하는 것이다. 다른 목표는 전쟁의 방식들을 명확하게 기술하는 것이다. 세 번째 목표는 기동전의 중요한 개념들, 예를 들어 리더의 의도, 주력, 치명적 약점과 같은 개념들을 분명히 하는 것이다. 원래의 교본이 가진 정신, 스타일, 핵심 메시지를 보존하면서 하는 것이 나의 의도이다.

매우 간단히 말하자면, 이 책은 미합중국 해병대를 특징짓는 철학을 기술한다. 여기에 담긴 생각은 단순히 전투 행동 지침이 아니라 생각하는 방식이다. 이 책은 우리가 어떻게 싸우고 싸움을 어떻게 준비할지에 관한 권위적 기초를 제공한다. 이 책은 행동을 위한 특별한 기술이나 절차를 담고 있지 않다. 오히려 개념과 가치의 형태로 넓은 지침을 제공한다. 그것을 적용하기 위해서는 판단이 필요하다.

〈워파이팅〉은 참고 매뉴얼을 의도하지 않는다. 대신 처음부터 끝까지 정독하기를 의도한다. 네 개의 장은 자연스럽게 진행된다. 제1장은 전쟁의 특징, 문제, 요구에 관한 이해를 기술한다. 제2장은 그 이해로부터 전쟁에 관한 이론을 도출한다. 이 이론이 제3장과 제4장에서 각각 어떻게 전쟁을 준비하며 어떻게 실행할 것인가에 관한 기초가 된다.

여기에 기술된 전쟁 수행 철학의 적용이 장교에게 국한되지 않는 것은 경험으로 드러났다. 나는 사병이든 장교든 모든 해병대원이 이 책을 읽고, 이해하고, 이에 따라 행동할 것을 기대한다. A. M. 그레이 대장이 1989년 초판 서문에서 언급한 것처럼, 이 책은 전쟁, 위기, 평화에서 임무에 대한 우리의 접근을 명령하는 행동을 위한 철학을 기술한다.

미국 해병대 총사령관
대장 C. C. 크룰락

머리말

 8년 전 해병대는 〈워파이팅〉 초판을 출간하였다. 우리의 의도는 전쟁 수행에 관한 나의 철학을 기술하고 그것을 해병대 교리로 확립하여 읽기 쉬운 형태로 제공하는 것이었다. 나는 그 교범의 추천사에서 모든 장교가 그것을 반복해서 읽고 이해하고 마음에 새기기를 요구했다. 우리는 성공했다. 〈워파이팅〉은 교실에서 사관실, 훈련장, 전장에 이르기까지 토론과 논쟁을 불러일으켰다. 이 책에 있는 철학은 우리의 모든 임무에 대한 접근에 영향을 주었다.

 〈함대해병대 교범 1〉은 "전쟁은 영원하며 끊임없이 변화한다. 전쟁의 이 기본 성질은 불변하며, 우리가 쓰는 수단과 방법은 끊임없이 진화한다"라고 했다. 전쟁처럼 전쟁 수행에 관한 우리의 접근도 진화해야 한다. 우리가 전문성을 다듬고, 확장하고, 높이는 것을 멈춘다면, 우리는 시대에 뒤떨어지고, 정체되고, 패배하게 될 위험에 처한다. 〈해병대 교리 간행물 1〉은 전쟁 수행에 관한 우리의 철학을 다듬고 확장하며, 전쟁의 본질에 관한 새로운 생각과 지난 10년간 참가한 광범위한 작전에서 얻은 이해를 추가했다. 이것을 읽고, 공부하고, 마음에 새겨라.

셈퍼 피델리스(언제나 충성을),

미국 해병대 제29대 총사령관
예비역 대장 A. M. 그레이

| 차례

추천사·04
머리말·08

제1장 전쟁의 본질·13
전쟁의 정의·14 / 마찰·17 / 불확실성·19 / 유동성·23
무질서·25 / 복잡성·27 / 인간 요인·28 / 폭력과 위험·29
물리적, 도덕적, 정신적 힘·31 / 전쟁의 진화·33
전쟁의 과학, 예술, 역학·34 / 결론·36

제2장 전쟁의 이론·39
정책 행위로서의 전쟁·40 / 전쟁 수단·44 / 분쟁의 스펙트럼·44
전쟁의 수준·47 / 선제와 대응·52 / 전쟁의 양상·57 / 전투력·62
속도와 집중·63 / 기습과 대담성·66 / 무게중심과 치명적 약점·70
기회의 창조와 활용·74 / 결론·75

제3장 전쟁의 준비·77

전력 계획 수립·78 / 조직·80 / 교리·81 / 전문직업의식·82
훈련·86 / 전문 군사 교육·89 / 인사 관리·92
장비 조달·94 / 결론·97

제4장 전쟁의 수행·99

도전·101 / 기동전·102 / 적정(敵情) 판단·107 / 지휘 철학·109
행동의 구성·115 / 의사 결정·119 / 임무 전술·123
지휘관의 의도·125 / 주력·128 / 표면과 공백·130
제병협동·132 / 결론·134

미주·136

제1장
전쟁의 본질

"전쟁에서는 모든 것이 단순하지만, 가장 단순한 것이 어렵다. 이 어려움이 쌓여 마침내 일종의 마찰을 만드는데, 그것은 경험하지 않으면 이해할 수 없다."[1]

_카를 폰 클라우제비츠

"전쟁에서 가장 계산할 수 없는 것이 인간의 의지이다."[2]

_B. H. 리델 하트

"진지는 파괴되었기 때문에 잃는 경우가 좀처럼 없고, 거의 언제나 리더가 마음속으로 진지를 지킬 수 없다고 결정하기 때문에 잃는다."[3]　　　　　_A. A. 반데그리프트

전쟁 수행에 관한 해병대의 철학을 이해하기 위해서는 먼저 전쟁의 본질에 관한 이해가 필요하다. 즉, 전쟁의 도덕적, 정신적, 물리적 특징과 전쟁이 무엇을 필요로 하는지 이해할 필요가 있다. 전쟁 수행에 관한 우리의 접근은 전쟁의 본질에 관한 우리의 이해에서 출발하므로, 전쟁에 관해 해병대원이 품고 있는 공통된 생각은 통합된 교리의 개발을 위해 필요한 기초이다.

전쟁의 정의

전쟁은 무력 사용을 특징으로 하는 조직된 집단 사이의 이해 충돌이다. 이 집단들은 전통적으로 기성의 국민국가이지만, 국가 간 연합이나 기성 국가 안팎의 정파와 같은 비국가 집단도 포함될 수 있다. 이 집단들은 정치적 이해관계가 있으며, 중요한 정치적 결과를 내기에 충

분한 규모의 조직된 폭력을 만들 수 있는 능력을 갖추고 있다.

전쟁의 본질은 자기의 의지를 타자에게 강요하는 화해할 수 없는 독립된 두 의지 사이의 폭력 갈등이다. 전쟁은 근본적으로 상호 사회 과정이다. 클라우제비츠는 그것을 Zweikampf(문자적으로 "양자 갈등")로 불렀으며, 상대를 잡아 던지려 하고 이를 막으려고 힘쓰는 두 명의 엉겨 붙은 레슬링 선수의 이미지에 비유했다.[4] 이렇게 전쟁은 주고받고, 움직이고, 그 움직임에 대항하는 상호 간의 끊임없는 적응 과정이다. 적(敵)은 수동적으로 움직이는 무생물이 아니라 독자의 목적과 계획이 있는 독립된 생명력이라는 것을 유념하는 것이 중요하다. 대항하는 인간 의지 사이의 이런 역동적 상호 작용을 이해하는 것이 전쟁의 본질에 관한 이해에 꼭 필요하다.

전쟁의 목적은 적에게 우리의 의지를 강요하는 것이다. 그 목적을 위한 수단은 군사력에 의한 폭력의 조직된 적용이나 위협이다. 이 폭력의 대상은 적대적 전투 세력에 한정되거나, 전체적으로 적의 인구로 확대될 수 있다. 전쟁은 대규모 군사 세력 간의 격렬한 충돌부터(때로 공식 선전포고에 의해 뒷받침되는) 폭력의 문턱에 이르렀다고 할 수 없는 미묘하고 비전통적인 적대행위까지 그 범주에 들어간다.

실제로 전면전과 완전한 평화는 거의 존재하지 않는다. 대신에 그것은 양극단이고, 그 사이에는 여러 정치 집단 사이의 관계가 존재한다. 이 범위에는 일상의 경제 경쟁, 거의 영구적으로 존재하는 정치적 또는 이념적 긴장, 집단 사이에 드물게 발생하는 위기가 들어간다. 어떤 종류의 군사력을 사용하는 결정은 이 양극단의 어느 지점에서 일어날 수 있으며, 심지어 비교적 평화의 시기에도 일어날 수 있다. 이 범위의 한 끝에서 군사력은 단순히 민간 소요나 재난 구조에서 질서를 유지하거나 회복하기 위해 사용될 수 있다. 범위의 다른 끝에서는 하나의 사회나 양자 또는 복수의 사회에서 기존 질서를 전복하기 위해 사용될 수 있다. 어떤 문화에서는 갈등을 해결하려는 모든 평화적 수단이 실패했을 때 전쟁으로 가는 것을 도덕적 의무라고 생각한다. 다른 문화에서는 자신의 목적을 달성하기 위해 군사력의 사용에 의존하는 것을 머뭇거리지 않는다.

마찰

두 개의 대립하는 의지 사이의 충돌로 묘사했기에 전쟁은 단순한 활동으로 보인다. 그러나 실제로는 전쟁에 영향을 미치는 무수한 요인들 때문에 전쟁의 수행은 극도로 어려운 일이다. 이 요인들을 총괄해 **마찰**로 부를 수 있는데, 클라우제비츠는 그것을 "언뜻 보기에 단순한 것을 극도로 어렵게 만드는 힘"[5]이라고 표현한다. 마찰은 모든 행위에 저항해 기운을 빼는 힘이다. 그것은 단순한 것을 어렵게 만들고 어려운 것을 불가능한 것처럼 만든다.

대립하는 두 의지 사이의 충돌이라는 전쟁의 본질이

마찰을 창조한다. 이런 상호 작용하는 역동적 환경에서 마찰은 매우 많다.

마찰은 일련의 행위에 대한 결정 불능처럼 정신적인 것일 수 있다. 적을 효과적으로 사격하거나 지형의 장해를 극복하는 것처럼 물리적인 것일 수 있다. 적의 행동이나 날씨, 또는 단순한 우연에 의해 가해지는 외부적 장해일 수 있다. 명확히 정의된 목표나 조정의 결여, 불분명하거나 복잡한 계획, 복잡한 조직이나 지휘 관계, 복잡한 기술과 같은 요인들로 발생하는 자기 유발적인 것일 수 있다. 어떤 형태를 띠든 전쟁은 인간 활동이기 때문에 마찰은 언제나 물리적 뿐만 아니라 심리적 영향을 준다.

우리는 자기 유발적 마찰을 최소화하도록 노력해야 하지만, 그보다 더 필요한 것은 마찰이 존재할지라도 **효과적으로 싸우는** 것이다. 마찰을 극복하는 우리의 핵심 수단은 의지이다. 우리는 마음과 정신의 끈질긴 힘으로 마찰을 이긴다. 우리는 마찰의 효과를 극복하도록 노력하면서 동시에 적의 전투 능력을 약화시키는 수준까지 마찰을 높여야 한다.

우리는 마찰의 사례를 무수히 들 수 있지만 그것을 직접 경험하기 전에는 완전히 이해하기를 바랄 수 없다. 오직 경험을 통해서만 마찰을 극복하는 데 필요한 의지의 힘을 이해할 수 있으며, 전쟁에서 무엇이 가능하고 무엇이 불가능한지에 관한 현실적 이해가 가능하게 된다. 훈련을 전쟁 상황과 흡사하게 만드는 시도를 해야 하면서도, 우리는 훈련이 실제 전투의 마찰 수준을 완전히 복제할 수는 없다는 것을 깨달아야만 한다.

불확실성

전쟁의 또 다른 특징은 불확실성이다. 우리는 불확실성이 단지 마찰을 만드는 여러 근원 중 하나라고 주장할 수 있지만, 불확실성은 전쟁의 넘치는 특징이므로 별도로 다룬다. 전쟁에서 모든 활동은 불확실성의 분위기

또는 "전쟁의 안개" 속에서 일어난다. 불확실성은 적과 환경에 대해, 심지어 우호적 상황에 대해서도 모르는 형태로 전투에서 만연하다. 우리는 정보를 수집하면서 이런 모르는 것들을 감소시켜야 하면서도, 불확실성을 없앨 수는 없으며 심지어 불확실성에 가까이 갈 수조차 없다는 것을 깨달아야만 한다. 전쟁의 바로 그 본질이 확실성을 불가능하게 만든다. 모든 전쟁 활동은 불완전하고 불확실하며, 심지어 모순되는 정보에 기초할 것이다.

전쟁은 본질적으로 예측할 수 없다. 기껏해야 우리는 가능성과 확률을 결정하기를 바랄 수 있을 뿐이다. 이것은 군사적 판단의 어떤 기준을 암시한다. 즉, 무엇이 가능하고 무엇이 불가능한가? 무엇이 확률적이고 무엇이 그렇지 아니한가? 확률을 판단함으로써 우리는 적의 계획을 추정하고 그에 따라 행동한다. 이렇게 말함으로써 우리는 정확히 이것이 전쟁 결과에 자주 가장 큰 영향을 끼치는 것임을 깨닫는다.

우리는 결코 불확실성을 없앨 수 없기 때문에 불확실성에도 불구하고 효과적으로 싸우는 법을 배워야만 한다. 우리는 단순하고 유연한 계획을 개발함으로써 이것을 할 수 있다. 즉, 있을 법한 우발 상황에 대비하고, 표준 작업 순서를 개발하며, 부하의 자발성을 키우는 것이다.

불확실성의 한 가지 중요한 근원은 **비선형성**(非線形性)으로 알려진 성질이다. 여기서 이 용어는 전장(戰場)의 진형을 가리키는 것이 아니라 원인과 결과의 균형이 맞지 않는 시스템을 의미한다. 사소한 사건이나 행동이 결정적 영향을 끼칠 수 있다. 전투 결과는 소수의 개별 행동에 좌우될 수 있다. 클라우제비츠가 말한 것처럼 "중요한 사안이 우연과 매우 사소한 사건에 의해 결정될 수 있기 때문에 역사는 그것을 단순히 일화로 묘사한다."[6]

그러나 이 성질 때문에 불확실성은 항상 리스크(risk)의 판단과 수용을 포함한다. 리스크는 전쟁에 본래부터 있는 것으로 모든 임무에 들어 있다. 리스크는 행동과 불행동에 동등하게 있다. 리스크는 얻는 것과 관련될 수 있다. 즉, 얻을 것이 클수록 리스크도 크다. 주력을 향해 전투력을 집중하는 실천은 어느 곳에서든 리스크를 신중하게 수용하려는 의지를 필요로 한다. 그렇지만 분명 우리는 리스크를 수용하는 것이 어떤 가능성도 없는 일에 모든 성공 가능성을 도박으로 거는 무분별한 행동과 동일한 것으로 이해해서는 안 된다.

불확실성에는 우연이라는 통제할 수 없는 요소도 있다. 우연은 전쟁의 보편적 특징이며 마찰의 끊임없는 근원이다. 우연은 합리적으로 예상할 수 없고 우리도 적도 통제할 수 없는 사태의 변화들로 이루어져 있다. 전쟁의 결과에 영향을 주는 우연이 항상 존재할 가능성은 계획과 행동에 영향을 미치는 우연을 막을 수 없다는 불가능성과 결합해 심리적 마찰을 만든다. 그러나 우리는 우연이 교전 당사자 어느 일방에만 유리하게 작용하지 않는다는 것을 기억해야 한다. 따라서 우리는 우연을 위협

뿐만 아니라 기회로 여겨 그것을 활용할 준비를 항상 하고 있어야 한다.

유동성

마찰과 불확실성과 마찬가지로 유동성은 전쟁의 고유한 특징이다. 전쟁에서 하나하나의 사건은 상황의 독특한 결합이 만든 일시적 결과인데, 문제들이 독특하게 구성되어 있고 독창적 해결을 필요로 한다. 그런데도 사건은 격리된 것으로 볼 수 없다. 각 사건은 그 앞과 뒤에 있는 사건과 통합한다. 즉, 전자에 의해 만들어지고 후자의 상황을 만든다. 그리하여 잠깐의 기회와 예상할 수 없는 사건들로 가득한 계속되고 변동을 거듭하는 활동의 흐름을 만든다. 성공은 적응하는 능력에 크게 달려 있다. 즉, 변화하는 사건들을 우리에게 유리하게 주도적으로 만들 뿐 아니라 끊임없이 변화하는 상황에 재빠르게 대응하는 것이다.

빠른 속도의 활동을 무기한 지속하기란 물리적으로

불가능하다. 비록 인력과 장비를 한계까지 밀어붙이는 것이 유리한 때가 분명 있을지라도 말이다. 전쟁의 속도는 강렬한 전투의 시기부터 활동이 정보 수집이나 보급, 이동으로 한정되는 시기까지 등락을 거듭할 것이다. 암흑이나 날씨는 전쟁의 속도에 영향을 줄 수 있지만 그것을 멈출 필요는 없다. 속도와 사건의 연속적 흐름을 자신의 목적에 맞게 영향을 주고 활용하려는 대립하는 의지의 교전 당사자 사이에는 경쟁적 리듬이 발달할 것이다.

군대는 적에 대항해 전력을 집중하기 위해 모일 것이다. 그러나 이 모이는 것은 적의 화력에 취약하게 만들 것이고 분산할 필요가 있다는 것을 발견할 것이다. 또 다른 경쟁적 리듬이 발달한다. 즉, 분산하고 집중하고 다시 분산하는 것이다. 각 교전 당사자는 적에게 취약한 면을 제한하면서 일시적으로 전력을 집중하려고 노력한다.

무질서

 마찰, 불확실성, 유동성의 환경에서 전쟁은 자연스레 무질서의 방향으로 높아진다. 전쟁의 다른 특징처럼 무질서는 전쟁에 내재하는 특징이다. 우리는 그것을 절대 없앨 수 없다. 전투의 열기 속에서 계획은 빗나갈 것이고, 지시와 정보는 불분명하고 오해될 것이며, 의사소통은 실패할 것이고, 실수와 예상치 못한 사건들이 아주 흔할 것이다. 정확히 이 자연스러운 무질서가 낙관적 의지로 활용하기에 무르익은 상황을 창조한다.

 전쟁에서 적과의 조우는 시간이 흐르면서 일반적으로 점점 무질서해지는 경향이 있다. 상황이 끊임없이 변하기 때문에, 우리는 우리의 마지막 행동이 본래 계획과 거의 닮지 않을 때까지 어쩔 수 없이 거듭 즉흥적으로 행동해야만 한다.

 역사적 기준으로 볼 때 현대의 전장은 특별히 무질서하다. 과거의 전장은 선형 대형과 연속된 선형 전선으로 묘사되었지만 오늘날의 전장에서는 선형의 용어를 생각할 수 없다. 현대 무기의 유효거리와 살상력은 부대 사이의 분산을 촉진한다. 통신 기술이 있어도 이 분산은 적극적으로 통제하려는 범위에 부담을 준다. 분산의 당연한 결과는 비점령 지역, 공백, 활용할 수 있고 할 예정인 측면의 노출로서, 전방과 후방, 아군에 우호적인 지역과 적이 통제하는 지역 사이의 차이를 흐릿하게 만든다.

전쟁의 사건들은 시계와 같이 규칙적으로 전개되지 않는다. 우리는 사건들에 정확하고 적극적인 통제를 가하기를 희망할 수 없다. 우리가 희망할 수 있는 최선은 무질서에 질서의 일반적 틀을 씌워 각 사건을 통제하기보다 행동의 일반적 흐름에 영향을 주는 것이다.

이겨야 한다면 무질서한 환경에서 작전을 펼칠 수 있어야 한다. 사실 우리는 무질서에 맞서 효과적으로 싸울 수 있을 수 뿐만 아니라 무질서를 만들어 그것을 적에 대항하는 무기로 사용할 수 있는 법을 찾아야 한다.

복잡성

전쟁은 복잡한 현상이다. 우리는 전쟁의 본질을 대립하는 두 개의 의지 사이의 충돌이라고 기술했다. 실제로 교전 당사자는 하나의 지능에 의해 움직이는 동질적 단일 의지가 아니다. 각 교전 당사자는 수많은 개별 부분으로 이루어진 복잡한 시스템이다. 사단은 연대로, 연대는 대대로 이루어지며, 그렇게 계속 내려가 개별 해병대원으로 구성된 사격팀이 있다. 각 구성 요소는 보다 큰 전체의 일부이며 공통의 목표를 달성하기 위해 다른 구성 부분과 협력해야만 한다. 동시에 각자는 고유의 임무가 있으며 고유의 상황에 적응해야만 한다. 각자는 각자의 수준에서 마찰, 불확실성, 무질서에 대처해야 하며, 우호적인 상대뿐만 아니라 적을 위해서도 마찰, 불확실성, 무질서를 창조할 수 있다.

그 결과 전쟁은 어느 한 곳에 있는 어느 개인의 결정이나 행동에 의해 지배되는 것이 아니라 지역 상황과 불완전한 정보에 대응해 지역적으로 상호 작용하는 시스템 속의 모든 개별 부분의 집합적 행동에서 나온다. 군사 행동은 어느 단독 주체가 단독으로 결정하는 획일적 집행이 아니라 필연적으로 조직 전체에 걸쳐 동시에 진행하는 거의 셀 수 없이 많은 독립적이지만 서로 연관된 결정과 행동을 포함한다. 군사 작전을 완전히 중앙집중하고 어느 단독 의사 결정자가 완전하게 통제하려는 노력은 전쟁의 본질적으로 복잡하고 분산된 성질과 부합하지 않는다.

인간 요인

전쟁은 대립하는 인간 의지 사이의 충돌이기 때문에 인간 요인은 전쟁에서 중심이다. 전쟁에 무형의 도덕적 요소를 주입하는 것이 인간 요인이다. 전쟁은 인간 본성에 의해 만들어지고 인간 행동을 특징짓는 복잡성, 모순성, 특이성의 지배를 받는다. 전쟁은 화해할 수 없는 불화에 기초한 폭력 행위이므로 예외 없이 인간 감정에 의해 만들어지고 악화될 것이다.

전쟁은 도덕적 및 육체적 힘과 지구력을 극한까지 시험한다. 전쟁의 본질에 관한 어떤 견해도 전투를 해야 하는 사람의 위험, 공포, 소모, 궁핍의 영향에 대한 고려 없이는 정확하거나 완전하다고 할 수 없다.[7] 그렇지만 이 영향들은 경우에 따라 크게 다르다. 개인과 집단은 전쟁의 스트레스에 다르게 대응한다. 즉, 하나의 적의 의지를 무너뜨리는 것이 그저 다른 적의 결의를 강하게 하는 것이 될 수 있다. 리더십을 통해 주입되는 인간 의지는 전쟁의 모든 행동을 이끄는 힘이다.

어떤 기술적 발전이나 과학적 계산도 전쟁에서 인간 요인을 낮추지 못할 것이다. 전쟁을 병력, 무기, 장비의 비율로 그 지위를 낮추려는 시도는 전쟁 수행에서 인간 의지의 영향을 무시하며 그 결과 본질적으로 결함이 있다.

폭력과 위험
전쟁은 인류에게 알려진 가장 큰 공포 중 하나이다.

즉, 전쟁은 결코 미화되어서는 안 된다. 전쟁의 수단은 조직된 폭력의 형태로 적용된 힘이다. 전쟁은 우리의 의지를 적에게 강요하는 폭력의 사용이나 폭력을 사용하겠다는 믿을 만한 협박을 통해 이루어진다. 폭력은 전쟁의 본질적 요소이며, 폭력의 즉각적 결과는 유혈, 파괴, 고통이다. 폭력의 규모는 전쟁의 목적과 수단에 따라 변할 수 있지만 전쟁의 폭력적 본질은 결코 변하지 않는다.[8] 이 기본 진리를 무시하는 전쟁에 관한 어떤 연구도 오해를 불러일으키며 불완전하다.

전쟁이 폭력 활동이기 때문에 위험은 항상 존재한다. 전쟁은 인간 현상이기 때문에 위험에 대한 인간의 반응인 공포는 전쟁 수행에 중대한 영향을 미친다. 모두가 공포를 느낀다. 공포는 의지를 약화시킨다. 리더는 개인과 부대에 공포를 극복하도록 용기를 북돋아야 한다. 용기는 공포가 없는 상태가 아니라, 오히려 공포를 극복하는 힘이다.[9]

리더는 공포를 연구하고 이해하고 그것에 대처하도록 준비해야 한다. 용기와 공포는 균일한 것이 아니라 상황에 따르며, 이것은 시간과 상황이 다르므로 사람이 공포를 서로 다르게 경험한다는 것을 의미한다. 공포와 같이 용기도 합리적 계산에 의해 생긴 냉철한 용기부터 고양된 감정에 의해 생긴 강렬한 용기까지 여러 형태를 띤다. 현실적 전투 훈련이 전투의 신비감을 낮출 수 있는 것처럼 포화 속에서의 경험은 일반적으로 자신감을 높인다. 부하의 존경과 신뢰를 받는 강력한 리더십은 공포의 효과를 낮출 수 있다. 리더는 부대 단결심, 정신, 부대 내 개인 자신감을 키워야 한다. 이런 환경에서 동료에 대한 존경과 신뢰를 깨뜨리지 않으려는 해병의 의지는 개인의 공포를 극복할 수 있다.

물리적, 도덕적, 정신적 힘

전쟁은 물리적, 도덕적, 정신적 힘의 상호 작용으로 특징될 수 있다. 전쟁의 물리적 특징은 일반적으로 쉽게 눈에 띄고 이해되고 측정된다. 즉, 장비 성능, 보급, 확보한 물리적 목표, 병력 비율, 물자나 인원의 손실, 빼앗거나 빼앗긴 지역, 포로나 노획 물자가 그것이다. 도덕적 특징은 형태가 덜하다. (여기서 사용된 "도덕적"이라는 용어는 윤리를 분명 포함하기는 하나, 윤리에 국한하지 않고 유형적 성질보다 심리적 성질의 힘에 해당한다.)[10] 도덕적 힘은 이해하기 어려우며 계량하기 불가능하다. 우리는 국가와 군대의 결의, 국가나 개인의 양심, 감정, 공포, 용기, 사기, 리더십, 정신 등의 힘을 쉽게 측정할 수 없다. 또한 전쟁은 중요한 정신적 또는 지적 요소를 포함한다. 정신적 힘은 전장의 복잡한 상황을 이해해 효과적으로 예측, 계산, 결정할 수 있게 해 전술과 전략을 만들고 계획을 세울 수 있는 능력을 제공한다.

비록 물리적 요인이 더 쉽게 계량할 수 있을지라도, 도덕적 및 정신적 힘은 전쟁의 성질과 결과에 더 큰 영향을 끼친다.[11] 이것은 물리적 힘의 중요성을 낮추는 것이 아니다. 왜냐하면 전쟁에서 물리적 힘은 다른 힘에 중대한 영향을 줄 수 있기 때문이다. 예를 들어 화력의 최대 효과는 일반적으로 화력이 일으키는 물리적 파괴의 양이 아니라 적의 도덕적 힘에 가하는 물리적 파괴의 효과이다.

도덕적 및 정신적 힘을 이해하는 것이 어렵기 때문에 전쟁에 관한 우리의 연구에서 그것들을 빼고 싶은 유혹을 받는다. 그러나 이 요인들을 무시하는 전쟁에 관한 어떤 교리나 이론도 전쟁의 본질 대부분을 무시하는 것이다.

전쟁의 진화

전쟁은 시간을 초월하며 항상 변화한다. 전쟁의 기본 성질은 불변하며, 우리가 사용하는 수단과 방법은 끊임없이 진화한다. 변화는 어떤 경우에는 점진적일 수 있으며 다른 경우에는 급진적일 수 있다. 전쟁에서 급진적 변화는 소총 강선, 대량 징집, 철도처럼 전쟁의 균형을 급격하게 뒤흔들었던 발전의 결과이다.

전쟁의 한 주요한 촉매는 기술의 진보이다. 전쟁의 하드웨어가 기술 발달을 통해 높아졌기에, 우리는 역량을 극대화하고 적의 역량에 대항하기 위해 전술적, 운영적, 전략적 사용에서 그 높아진 성능에 적응해야만 한다.

전쟁의 어떤 면이 변하기 쉬우며 어떤 면이 그렇지 않는지를 이해하는 것이 중요하다. 전쟁의 과학과 기술 발달을 먼저 활용하는 교전 당사자가 커다란 이익을 얻을 것이기 때문에, 우리는 변화의 과정에 뒤처져서는 안 된다. 우리가 전쟁의 변화하는 면을 모른다면, 우리는 그 도전에 합당하게 대응하지 못하는 우리 자신을 발견하게 될 것이다.

전쟁의 과학, 예술, 역학

전쟁의 여러 면은 주로 실증된 자연법칙을 체계적으로 적용하는 과학의 영역에 들어간다. 전쟁의 과학은 탄도학, 역학, 그리고 그와 유사한 학문의 법칙에 직접 영향을 받는 활동들을 포함한다. 예를 들면 화기의 적용,

무기의 효과, 이동과 보급의 빈도와 방법이다. 그렇지만 과학은 전체 현상을 설명하지 않는다.

오히려 전쟁 수행의 대부분은 창조적 또는 직관적 기술의 적용이라는 예술의 영역에 들어간다. 예술은 판단과 경험을 통해 과학적 지식을 상황에 맞게 창조적으로 적용하는 것을 포함하며, 그렇기에 전쟁의 예술은 전쟁의 과학을 포함한다. 전쟁의 예술은 유례없는 전황의 본질을 파악하는 직관적 능력과 실제적 해결책을 고안하는 창조적 능력을 필요로 한다. 이것은 전략과 전술을 고안해 주어진 상황에 맞는 행동 계획으로 발전시키는 것을 포함한다. 이것은 여전히 전체 현상을 표시하지 못한다. 인간 행동의 변덕과 수많은 다른 무형의 요인이 전쟁에 영향을 주기 때문에 전쟁의 수행에는 예술과 과학으로 설명할 수 없는 것이 무수히 많다. 예술과 과학은 전쟁의 기본 역학을 설명하려는 시도조차 할 수 없다.

우리가 말했듯이 전쟁은 사회 현상이다. 그 본질적 역

학은 예술이나 과학의 역학이 아니라 인간의 경쟁적 상호 작용의 역학이다. 인간이 상호 작용하는 방식은 과학자가 화학 물질이나 공식을 가지고 일하거나 예술가가 그림 도구나 악보를 가지고 일하는 방식과 근본적으로 다르다. 불굴의 용기, 대담성, 정신, 그리고 예술이나 과학으로 설명할 수 없는 다른 특징들이 전쟁에서 그렇게 핵심인 이유는 이런 인간 상호 작용의 역학 때문이다. **그러므로 우리는 전쟁 행위란 근본적으로 인간 경쟁의 역동적 과정으로 과학의 지식과 예술의 창조성이 필요하지만 궁극적으로 인간 의지의 힘에 의해 움직인다고 결론을 내린다.**

결론

언뜻 보기에 전쟁은 이해의 단순한 충돌로 보인다. 그렇지만 좀 더 가까이 들여다보면 전쟁은 그 복잡성을 드러내며 인간의 가장 괴롭고 힘든 노력 중의 하나라는 모습을 띠고 있다. 전쟁은 의지를 극단으로 시험한다. 마찰, 불확실성, 유동성, 무질서, 위험은 전쟁의 본질적 특징이다. 전쟁은 확률로 표현될 수 있는 폭넓은 형태를 띠지만 근본적으로 예측 불가능하다. 각 사건은 무수히 많은 도덕적, 정신적, 물리적 힘의 독특한 산물이다. 개별 원인과 결과는 좀처럼 떨어질 수 없다. 사소한 행동이나 우연한 사건도 비교할 수 없이 큰, 심지어 결정적인 결과를 낼 수 있다. 전쟁은 과학의 법칙과 예술의 직관과 창조성에 의존하면서도 인간 상호 작용의 역학에서 그 본질적 성질을 띤다.

제2장
전쟁의 이론

"정치적 목적이 최종 목표이며, 전쟁은 그것에 도달하는 수단이고, 수단은 결코 그 목적과 분리된 것으로 생각할 수 없다."[1]
_카를 폰 클라우제비츠

"불패는 방어에 있고 승리는 공격에 있다. 힘이 부족할 때 방어하고 힘이 충분할 때 공격한다."[2] _손자

"전투는 살육과 기동으로 승리한다. 위대한 장군일수

록 기동으로 기여하고 살육을 바라지 않는다."³

_ 윈스턴 처칠

전쟁의 본질에 관한 공통의 견해에 도달했으므로 우리는 여기서 전쟁의 이론으로 진전한다. 전쟁의 이론은 차례로 전쟁의 준비와 전쟁의 수행을 위한 기초가 될 것이다.

정책 행위로서의 전쟁

전쟁은 군사력을 추가한 정책과 정치의 연장이다.⁴ 정책과 정치는 서로 연관이 있으나 같은 것은 아니고, 이 둘의 맥락에서 전쟁을 이해하는 것이 중요하다. 정치는 협동과 경쟁의 역동적 상호 작용을 통한 권력의 분배이며, 정책은 정치 과정에서 설정된 의식적 목표이다. 전쟁에 참여하는 모든 집단의 동기가 되는 정책 목적은 전쟁의 수행을 결정짓는 가장 중요한 요인이 되어야 한다. 우리의 이론을 이해하기 위한 가장 중요한 생각은, 전쟁은

정책에 봉사해야 한다는 것이다.

전쟁의 정책 목적이 침략에 대한 저항에서 적국 정부의 무조건 항복까지 다양하기 때문에 폭력의 사용도 그 목적에 따라 달라야 한다. 물론 우리는 정책 목적을 우리가 선택한 수단에 맞게 조정해야만 할 수도 있다. 이것은 우리의 능력을 넘는 목표를 세워서는 안 된다는 것을 의미한다. 군사 수단으로 해결할 수 없는 정치 문제가 많다는 것을 인식하는 것이 중요하다. 어떤 것은 해결할 수 있지만, 기대할 정도로 많지는 않다. 전쟁은 전개될 때 자신만의 길을 가는 경향이 있다. 우리는 전쟁이 무생물의 도구가 아니라 정치 상황을 바꾸는 예상치 못한 결과를 낼 수 있는 살아 있는 힘이라는 것을 인식해야 한다.

전쟁이 정책과 정치의 연장이라는 말은 전쟁이 엄격하게 정치적 현상이라는 말이 아니다. 전쟁은 사회적, 문화적, 심리적, 그리고 기타 요소까지 포함한다. 이것들은 전쟁의 수행 뿐만 아니라 정치 문제를 해결하기 위한 전쟁의 유용성에도 강한 영향을 미친다.

전쟁의 정책 동기가 적국 정부의 파괴와 같은 극단적인 것일 때는 파괴를 위한 전쟁의 자연스러운 군사 지향은 정치적 목표와 일치할 것이고, 전쟁의 군사적 수행에 대한 정치적 제한은 작을 것이다. 반대로 정책 동기가 제한되어 있다면 파괴를 위한 군사 지향은 그 동기에 따라 변할 수 있고, 정치적 고려가 많을수록 군사력의 사용은 더 제한될 수 있다.[5] 군사 행동은 정치에 봉사해야 하기 때문에, 지휘관은 군사 행동에 대한 이 정치적 제한이 완벽히 옳을 수 있다는 것을 인식해야만 한다. 동시에 군사 지도자는 군사 행동에 제한이 가해져 주어진 임무를 달성하는 군대의 능력이 위험에 처할 때 정치 지도자에게 충고를 할 책임이 있다.

우리의 의지를 적에게 강요하는 무력행사의 방법에는 두 가지가 있다. 첫째, 적의 군사 능력을 물리적으로 파괴함으로써 우리에게 저항하지 못하게 만드는 것이다. 이것의 적의 군사 능력을 영구적 또는 임시적으로 제거하는 것이다. 이것은 역사적으로 **섬멸 전략**으로 불리었다. 비록 그것이 반드시 모든 군사력을 물리적으로 섬멸하는 것을 필요로 하지 않을지라도 말이다. 그 대신 이것은 적이 현실적 군사 위협이 되지 못하는 것을 필요로 하며, 그렇기에 **무력화 전략**으로도 불린다.[6] 우리는 적의 지도자를 타도하는 것과 같은 무제한의 정치적 목표를 추구할 때 이런 식의 무력을 사용한다. 또한 적이 그렇게 할 수단이 있어 계속 저항할 것이라고 믿을 때는 제한된 정치적 목표를 추구하면서 이 전략을 사용할 수도 있다.

두 번째 방법은, 계속 저항하는 것보다 우리의 조건을 받아들이는 것이 고통이 덜하다고 적을 설득하는 것이다. 적 지도자의 의지를 약화시키기 위해 군사력을 사용하므로 이것은 **침식 전략**이다.[7] 이 전략에서는 적이 감수하려는 저항의 비용을 높이는 데에 군사력을 사용한다. 우리는 적 지도자가 최종적으로 받아들일 것으로 믿는 제한된 정치적 목표를 추구하면서 이런 식으로 무력을 사용한다.

전쟁 수단

최고 수준의 전쟁에서 하나의 정치 집단은 다른 집단에 가할 수 있는 힘의 모든 요소를 사용한다. 예를 들어 경제적, 외교적, 군사적, 심리적 힘이다. 우리의 주된 관심은 **군사력**의 사용에 있다. 그렇지만 우리는 군사력의 사용에 집중하면서도 그것을 국력의 다른 요소와 분리해서 생각해서는 안 된다. 군사력의 사용은 협상한 휴전을 실행하는 결의를 보이기 위해 단순히 군대를 배치하는 것에서부터 정교한 무기 체계에 의한 전면전에 이르기까지 다양한 형태를 띤다.

분쟁의 스펙트럼

분쟁은 사용된 폭력의 규모를 반영하는 스펙트럼을 구성하는 넓은 범위의 형태를 띨 수 있다. 스펙트럼의

한 끝에는 전쟁 외 군사 작전으로 불리는 활동으로, 군사력의 사용은 제한되고 선택적인 경우가 보통이다. 전쟁 외 군사 작전은 전쟁을 회피하고, 분쟁을 해결하며, 평화를 촉진하고, 문민 기관을 지원하기 위한 폭넓은 군사 능력을 사용하는 것을 포함한다. 스펙트럼의 다른 끝은 전면전으로, 대국 사이의 지구 규모의 분쟁과 같은 대규모 장기적 전투 작전이다. 특정 분쟁을 스펙트럼의 어디에 놓을지는 여러 요인에 의해 결정된다. 정책 목표, 가용한 군사 수단, 국가의 의지, 전장에서의 전력 밀집도나 전투력 등이다. 일반적으로 밀집도가 높을수록 분쟁의 강도는 크다. 각 분쟁의 강도는 획일적이지 않다. 그 결과 우리는 전쟁 외 군사 작전에서 상대적으로 격렬한 전투를, 대규모 지역 분쟁이나 전면전에서 상대적으로 조용한 지역이나 시기를 목격할 수 있다.

전쟁 외 군사 작전과 소규모 전쟁이 대규모 지역 분쟁이나 전면전보다 일어날 가능성이 더 크다. 단순히 스펙트럼의 가장 높은 끝에서 전쟁을 하기 위해 군사 수단을 보유하는 정치 집단은 많지 않다. 기술이나 숫자에서 우월한 적과 전쟁을 하는 경우에는 적이 그 우월한 능력을 전부 사용하는 것을 정당화하지 않을 방법을 쓰는 일이 많다. 실제로 생존이 위협받지 않는 한, 정치 집단은 전면전의 위험을 감수하지 않으려고 하는 것이 보통이다. 그러나 분쟁의 강도는 시간에 따라 변할 수 있다. 교전 당사자는 원래의 수단으로 원하는 결과를 얻지 못할 경우 폭력의 강도를 높일 것이다. 마찬가지로 전쟁은 실제로 시간이 흐르면서 그 강도가 낮아질 수 있다. 예를 들어, 강렬한 폭력의 초기 충격 후에 교전 당사자는 강도의 초기 수준을 유지하지 못하기에 그보다 낮은 수준으로 싸우기를 계속할 것이다.

해병대는 국가의 즉응원정부대로서 분쟁의 모든 스펙트럼에서 어떤 강도의 상황에도 대응할 수 있는 다능성과 유연성을 갖추어야 한다. 이것은 보이는 것보다 훨씬 큰 도전이다. 전쟁 외 군사 작전과 소규모 전쟁이 단순히 전면전보다 더 작은 형태를 띠기 때문만은 아니다.

대규모 재래식 군대에 맞서 전쟁을 벌일 수 있는 현대적 군대는 경장비로 무장한 게릴라군에 맞서는 "소규모" 전쟁에는 준비가 안 되었을 수 있다.

전쟁의 수준

전쟁 활동은 계층을 구성하는 서로 관계가 있는 몇 개의 수준에서 일어난다. 전략적, 운영적, 전술적 수준이 그것이다(그림 1).

가장 높은 수준이 **전략적** 수준이다.[8] 전략적 수준의 활동은 정책 목표에 초점을 맞춘다. 전략은 전쟁 뿐만 아니라 평화에도 적용된다. 우리는 정책 목표를 달성하기 위해 모든 국력 요소를 조정하고 집중하는 **국가 전략**[9]과 정책 목표를 달성하기 위해 군사력을 사용하는 **군사 전략**[10]을 구분한다. 이렇듯 군사 전략은 국가 전략에 종속한다. 군사 전략은 전쟁을 승리하고 평화를 확보하는 기술로 생각될 수 있다. 전략은 목표를 설정하고, 전력을 배치하며, 물자를 배급하고, 전쟁으로 위협할 때

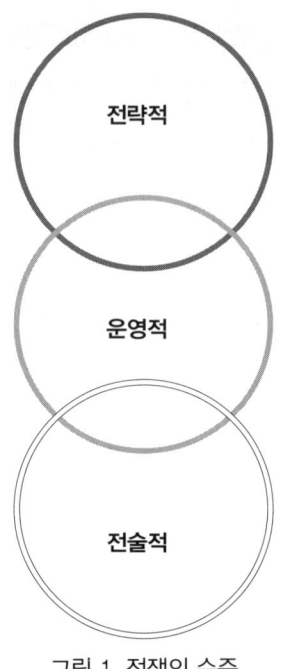

그림 1. 전쟁의 수준

무력을 사용하겠다는 조건을 내세우는 것을 포함한다. 정치 및 정책 목표에서 나온 전략이 모든 작전을 위한 권위 있는 유일한 기초가 된다고 분명하게 이해되어야 한다.

가장 낮은 수준이 **전술적** 수준이다.[11] 전술은 전투나 비전투 군사 작전에서 특정 임무를 수행하기 위해 사용하는 개념이나 수법이다. 전쟁에서 전술은 특정 시간과 장소의 전투에서 적 무력을 패배시키기 위해 전투력을 사용하는 것에 초점을 둔다. 비전투 상황에서 전술은 평화 유지 활동에서 질서를 강제하고 안전을 유지하는 것과 같은 다른 임무를 수행할 때 사용하는 계획과 방법을 포함한다. 우리는 보통 전술을 전투와 관련해 생각하며, 이런 맥락에서 전술은 무력 충돌과 전투에서 승리하는 기술과 과학으로 생각할 수 있다. 전술은 화력과 기동의 활용, 종류가 다른 무기의 통합, 적을 파괴한 성공 사례의 즉시 활용을 포함한다. 전쟁의 전술적 수준은 보급이나 정비와 같은 후방지원 기능의 수행을 포함한다. 전술적 수준은 전술 행동 **내에** 있는 특별 임무를 수행하기 위한 기술과 절차를 구성하는 전투력의 **기술적** 활용도 포함한다. 이것은 사격 요청, 사격 기술, 무기와 장비의 운용, 전술적 이동 기술을 포함한다. 전술과 기술은 어느 정도 겹친다. 우리는 전술은 판단력과 창조성이 필요하고, 기술과 절차는 보통 반복적 일상이 필요하다는 둘 사이의 차이를 단지 보이기 위해 요점을 말한다.

전쟁의 **운영적** 수준은 전략적 수준과 전술적 수준을 서로 연결한다. 이것은 전략 목표를 달성하기 위해 전술 결과를 이용하는 것이다.[12] 운영적 수준은 언제, 어디서, 어떤 조건에서 적과 교전할 것인가, 그리고 언제, 어디서, 어떤 조건에서 보다 높은 의도를 지원하기 위해 전투를 **회피**할 것인가를 결정하는 것을 포함한다. 이 수준의 활동은 전술적 수준의 활동보다 시간과 공간의 차원이 넓다는 것을 의미한다. 전략적 수준이 전쟁을 이기는 것이고, 전술적 수단이 전투와 무력 충돌에서 이기는 것을 의미한다면, 운영적 수준은 군사 작전에서 성공하는 것을 의미한다. 그 수단은 전술 결과이고, 그 목적은 설정한 전략 목표이다.

전쟁 수준의 차이가 실제로 명확히 구별되는 경우는

거의 없다. 그것은 어느 정도 범위와 규모의 문제일 뿐이다. 보통은 한 명의 지휘관이 하나의 수준 이상에서 책임을 지는 것과 같은 중복이 있을 수 있다. 그림 1에서 보는 것처럼 중복은 작을 수 있다. 대규모 진형과 복수의 전장을 포함하는 통상의 대규모 분쟁이 그것일 것이다. 그런 경우에는 전략, 운영, 전술 영역이 매우 분명하게 구분되어 대부분의 지휘관은 자신의 활동이 하나 또는 다른 수준에 초점이 맞추어져 있는 것을 발견할 것이다. 그렇지만 다른 경우에는 그림 2에서 보는 것처럼 전쟁의 수준들이 압축되어 중복이 클 수 있다. 특별히 핵전쟁이나 전쟁 외 군사 작전에서 한 명의 지휘관은 두 개 또는 세 개의 수준에서 동시에 작전할 수 있다. 핵전쟁에서 전쟁의 방향에 관한 전략적 결정과 무기의 배치에 관한 전술적 결정은 본질적으로 하나의 동일한 사안이다. 전쟁 외 군사 작전에서는 예를 들어 소규모 부대의 지휘관일지라도 "전술적" 행동이 전략적 의미를 직접적으로 담고 있다는 것을 발견할 것이다.

그림 2. 압축된 전쟁의 수준

선제와 대응

전쟁에서 모든 행동은 수준에 상관없이 **선제**하거나 상대에 **대응**하는 것에 기초한다. 우리는 선제함으로써 분쟁의 조건을 결정해 적에게 우리의 조건에 맞추라고 강요할 수 있다. 적의 선제를 빼앗는 것일 뿐일지라도 선제하면 우리에게 유리한 목적을 추구할 수 있다. 선제를 통해 우리는 적에게 우리의 의지를 강요하기를 추구한다. 우리는 선제를 통해서만 궁극적으로 우리의 의지를 적에게 강요할 수 있기 때문에, 선제는 분명 선호되는 형태의 행동이다. 최소한 분쟁의 한 당사자는 선제해야만 하는데, 상대를 억누르려는 욕구가 없다면 분쟁이 없을 것이다. 분쟁의 상대 당사자는 대응해야만 하는데, 대응하려는 욕구가 없다면 분쟁이 없을 것이다. 우리가 선제할 수 없고 적은 한다면 우리는 어쩔 수 없이 적의 시도를 저지하기 위해 대응해야 한다. 대응은 일반적으로 소극적 목표를 한다. 즉, 적의 의도를 두고 협상하거나 방어하거나 맞공격하는 것이다. 권투의 카운터펀치처럼 대응은 적으로부터 선제를 빼앗는 것을 목표로 한다.

전쟁의 흐름은 선제와 대응 사이의 끝없는 상호 작용의 산물이다. 우리는 교전 당사자가 동시에 선제하려는 분쟁을 상상할 수 있다. 예를 들면 적 조우 전투 같은 것이다. 최초의 충돌이 있고 난 후 양쪽 중 하나는 우위를 차지할 것이고 다른 쪽은 어쩔 수 없이 대응할 것이다. 최소한 상대로부터 선제를 되찾아오려고 몸부림칠 수 있을 때까지 할 것이다. 전쟁에서 하는 행동은 정도의 차이는 있을지라도 선제하고 유지하려는 불변의 법칙을 반영한다.

이 논의는 연관된 한 쌍의 개념으로 이어진다. **공격**과 **방어**이다. 공격은 **타격력**을 제공한다. 우리는 보통 선제를 공격과 연관 지어 생각한다. 선제하고 유지하는 가장 분명한 방법은 먼저 타격하고 그 타격을 계속하는 것이다. 반대로 방어는 **저항력**을 제공한다. 그것은 우리를 보존하고 보호하는 능력이다. 방어는 일반적으로 소극적 목표를 하는데, 적의 의지에 저항하는 것이다.

방어는 전쟁에서 더 효율적 형태가 되는 경향이 있다. 이것은 에너지 소비가 적다는 뜻이다. 그렇지만 방어가 내재적으로 전쟁의 더 강한 형태라고 말하는 것은 아니다. 공격과 방어의 상대적 유불리는 상황에 의존한다. 우리는 전형적으로 방어를 적이 공격하기를 기다리는 것으로 생각하며, 방어를 선제보다 대응으로 떠올린다. 이것은 꼭 그렇지 않다. 방어를 약한 것으로 가정할 필요는 없다. 예를 들어 적이 우리의 방어력에 밀려 어쩔 수 없이 공격해야 한다면 방어는 우리에게 선제를 부여한다. 그런 상황에서 우리는 적을 파괴한다는 적극적 목표를 세운다. 마찬가지로 매복하며 방어하는 쪽은 적이 그 덫에 걸려든다면 선제할 수 있다. 방어는 적을 타격하는 또 다른 방법이 될 수 있다.

공격과 방어는 대항하는 형태로서 상호 배타적이지 않다. 사실 이 둘은 분리되어 존재할 수 없다. 예를 들어 방어는 순전히 수동적 저항이 될 수 없다. 효과적인 방어는 적이 가장 취약한 순간에 타격하는 공격의 성격을 취해야만 한다. 클라우제비츠가 썼듯이 공격은 "단순한 방패가 아니라 잘 겨누어 타격하는 것으로 구성된 방패"이다.[13] 방어의 진정한 결정적 요소는 반격이다. 이렇게 공격은 방어 개념의 필수적 구성 요소이다.

마찬가지로 방어는 공격의 본질적 구성 요소이다. 공격을 무한히 지속할 수는 없다. 어떤 시간과 장소에서는 보급을 위해 공격을 멈출 필요가 있기에 자동으로 방어로 바뀐다. 나아가 공격을 위해 병력을 집중할 필요는 자주 다른 곳에서 방어를 취할 필요가 있게 한다. 그러므로 우리는 부득이 공격 개념의 일부로 방어를 생각해야 한다.

여기서 **정점**이라는 개념에 이른다.[14] 이 개념이 없으면 공격과 방어의 관계에 관한 우리의 이해가 불완전하다. 공격은 무한히 지속할 수 없을 뿐만 아니라 일반적으로 진행할수록 점점 약해진다. 사기나 대담성 같은 어떤 도덕적 요인이 성공적 공격과 더불어 증가할 수 있지만, 이것들도 자주 저항에 직면하면서 진행을 유지할 때 드는 물리적 손실을 보상할 수는 없다. 우리는 인명, 연료, 탄약, 물리적 및 도덕적 힘을 소비하며 진행하며, 그렇기에 공격은 시간이 지날수록 약해진다. 결국 우리는 더는 공격을 유지할 수 없어 방어로 전환해야만 하는 정점에 도달한다. 정확히 이것이 공격의 방어적 요소가 방어의 공격적 요소인 반격에 가장 취약한 지점이다.

우리는 공격과 방어 사이에 명확한 구분이 없다고 결론을 내린다. 전쟁에 관한 우리의 이론은 하나를 인위적으로 강요해서는 안 된다. 공격과 방어는 각자가 서로의 필요한 구성 요소로 동시에 존재하며, 하나가 다른 것으로 바뀌는 것이 유동적이며 계속적이다.

선제와 대응, 공격과 방어의 관계는 전쟁의 여러 수준에서 동시에 존재한다. 우리는 한정된 반격이라는 형태로 대규모 대응의 일부로서 선제를 국지적으로 잡을 수 있다. 마찬가지로 우리는 운영적 공격 목표를 추구하면서 전술적으로 방어하는 이점을 살리는 공격 군사 작전의 일부로서 전술적 방어를 전개할 수 있다.

전쟁의 양상

전쟁의 양상은 소모전과 기동전을 양극단으로 하는 스펙트럼 위에 자리한다고 표현할 수 있다.[15] 소모전은 우세한 화력으로 적의 물자를 파괴하는 것을 축적함으로써 승리를 거두는 것이다. 소모전은 전쟁을 힘의 솔직한 시험과 주로 병력 비율의 문제로 보는 전쟁 수행에 관한 직접적 접근법이다. 적은 교전해 체계적으로 파괴해야 하는 표적의 집합으로 보인다. 적의 집중이 가장 가치 있는 목표로 추구된다. 소모전의 논리적 결론은 적의 모든 군비를 물리적, 최종적으로 파괴하는 것이다. 비록 적이 늘어나는 비용을 감당하려 하지 않기 때문에 이런 일이 일어나기 전에 항복하거나 철수할 것을 기대할지라도 말이다. 화기의 효율적 사용이 중시되며, 고도의 절차를 갖춘 전쟁 접근법으로 이어진다. 특별히 무기 사용에서의 기술적 능숙함이 교활함이나 창조성보다 중시된다.

소모전은 기동을 중요한 요소로 생각할지 모르나 그 목적을 단지 우리의 화력을 적에게 더 효율적으로 사용하는 것으로 본다. 소모전 추종자들은 전쟁의 진전을 정량적으로 추산하는 경향이 있다. 전투 피해 평가, 사망자 수, 탈취한 지역이 그것이다. 결과는 일반적으로 노력에 비례한다. 더 많이 지출하면 더 많은 결과를 낸다.

즉, 더 많이 소모하는 것이다. 화력의 양과 정확도에 대한 욕구는 중앙집권화된 통제로 흐르는 경향이 있다. 효율성에 대한 강조가 절차와 기술에 대한 내부 집중으로 이어지는 경향이 있는 것처럼 말이다. 전쟁의 성공은 소모전 능력의 총체적 우월성에 달려 있다. 즉, 소모를 가하고 흡수하는 능력이다. 성공을 위해 가장 필요한 것은 수적, 물적 우위이다. 국가 수준에서 전쟁은 산업적이면서도 군사적 문제가 된다. 역사적으로 숫자와 기술에서 우월하다고 인식했던 국가와 군대는 흔히 소모전을 선택했다.

순수한 소모전은 실제로 존재하지 않는다. 그러나 소모가 높은 전쟁의 사례는 풍부하다. 제1차 세계대전의 서부 전선에서 양측이 했던 작전, 1940년 5월 프랑스가 독일을 상대로 했던 방어 전술과 작전, 1943~1944년 연합군이 이탈리아에서 했던 군사 작전, 1944년 노르망디 이후 유럽 전선이 확대되면서 아이젠하워가 했던 공세, 1950년 이후 한국에서 미군의 작전, 그리고 베트남 전쟁에서 미군의 대부분 작전이 그것이다.

스펙트럼의 다른 끝에는 기동전이 있다. 기동전은 문제를 회피, 정면 승부가 아닌 지형의 이점을 활용해 공격하려는 욕구에서 나온다. 적 군비의 각개 격파를 추구하는 것이 아니라 적의 "시스템"을 공격하는 것을 목표로 해 적을 **체계적**으로 무능하게 만드는 것이다. 적 구성 요소는 건드리지 않은 채로 남을 수 있지만 단결된 전체의 부분으로서의 기능은 하지 못한다. 적의 집중은 적의 강세처럼 바라는 목표가 아니라 일반적으로 피해야 할 것으로 간주한다. 목표는 적의 강세를 공격하는 대신 **이점**을 극대화하기 위해 선택된 적의 약세에 우리의 강세를 적용하는 것이다. 이 방법은 그런 약세를 알아내고 활용하는 능력이 필요하다. 성공은 절차와 기술의 효율적 실행이 아니라 적 시스템의 구체적 특징을 이해하는 것에 달려 있다. 기동은 속도와 기습에 달려 있는데, 이 둘 중 하나라도 빠지면 적의 약세에 우리의 강세를 집중할 수 없다. 속도는 그 자체로 무기이며, 자주 가장 중요하다. 기동의 성공은 소모와 달리 흔히 그동안 해왔던 노력에 비례하지 않는다. 그렇지만 정확히 같은 이유로 불완전하게 적용된 기동은 재앙과 같은 실패를 할 위험이 있다. 소모의 경우 손실 가능성은 발생한 리스크와 비례하는 경향이 있다.

화력과 소모는 기동전의 핵심 구성 요소이다. 실제로 적의 취약한 곳에 아군의 힘을 집중하는 결정적 시점에는 소모가 극단으로 치달아 적 부대의 전멸도 포함할 수 있다. 그런데도 그런 국지적 소모의 목표는 단지 적의 전력을 총체적으로 없애는 데 점차적으로 기여하는 것이 아니라, 핵심 구성 요소를 제거해 적의 시스템을 무력하게 만드는 것에 있다.

소모전과 마찬가지로 이론적으로 순수한 형태의 기동전은 존재하지 않는다. 기동전으로 보기에 충분할 정도로 내용이 많은 사례로는 1918년 팔레스타인에서 오스만 제국군을 상대로 벌인 알렌비의 결전, 1939~1941년의 독일군이 대부분 1940년 프랑스 침공에서 사용했던 전격전, 1944년 이탈리아 전역의 소모전을 피하고자 시도했지만 실패로 끝난 연합군의 안치오 상륙작전, 1944년 말 노르망디 상륙 지점에서 패튼이 한 전선 돌파, 1950년 맥아더의 인천상륙작전, 농촌 마을을 평정해 베트콩의 중요한 대중 기반을 없애 공격했던 제3해병상륙군의 공동 전투 프로그램이 있다.

모든 전쟁은 기동과 소모가 어느 정도 혼합된 형태를 띤다. 어떤 양상이 뚜렷한지는 여러 요인에 의존하며, 무엇보다도 우리의 능력과 적의 특성에 의존한다. 오늘날 해병 교리는 우리가 제4장 "전쟁의 수행"에서 보게 되듯이 주로 기동전에 기초하고 있다.

전투력

전투력은 주어진 시간에 적에게 가할 수 있는 파괴력의 총합이다.[16] 전투력의 어떤 요인은 수적 우위처럼 눈에 띄고 쉽게 측정될 수 있다. 클라우제비츠는 그것을

"승리의 가장 흔한 요소"[17]라고 불렀다. 기동의 효과, 속도, 기습, 지형이나 기후가 주는 이점, 공격과 방어의 상대적 강세, 전방, 측면, 후방에서 적을 공격하는 상대적 장점처럼 쉽게 측정하기 어려운 요인도 있다. 사기, 전투 의지, 인내력, 리더십의 효과처럼 완전히 눈에 띄지 않는 요소도 있다.

 전투력의 모든 구성 요소를 나열, 분류, 각 요소의 상대적 가치를 지표로 만들며, 그것의 조합이나 변형을 기술하는 것이 우리의 의도는 아니다. 각 조합은 독특하고 일시적이다. 심지어 그렇게 할 수 있는 것도 바람직하지 않다. 이것은 전쟁에 대한 우리의 접근법을 정형화하게 만들 것이다. 우리의 의도는 전투력이란 상황에 의존하며 다양한 물리적, 도덕적, 정신적 요인이 만든 독특한 산물이라는 것을 지적하고자 하는 것이다.

속도와 집중
 우리가 전쟁에서 식별할 수 있는 모든 지속적 유형 중

에서 전투력을 만드는 보편적 중요성을 지니는 두 개의 개념이 있는데, 그것은 **속도**와 **집중**이다.

속도는 행동의 민첩성이다. 그것은 시간과 공간에 적용된다. 시간에 대한 속도는 템포로서, 그것은 일관되게 빨리 운영할 수 있는 능력이다.[18] 거리 또는 공간에 대한 속도는 빨리 이동할 수 있는 능력이다. 다른 말로 하자면, **속도는 무기이다.** 전쟁에서 중요한 것은 절대적 속도가 아니라 상대적 속도이다. 우월한 속도는 적에게 우리에게 반응하도록 강요함으로써 우리가 주도권을 쥐고 우리의 조건을 따르게 한다. 속도는 안전을 가져다준다. 속도는 기동과 기습의 전제조건이다. 게다가 속도는 결정적 시간과 장소에 우월한 힘을 집중하기 위해서도 필요하다.

중요한 것은 상대적 속도이므로 우리는 적의 속도를 낮추면서 우리의 속도를 높이기 위해 모든 수단을 취해야 한다. 그러나 경험이 보여 주듯이, 높은 속도를 무한히 유지할 수는 없다. 그 결과 어떤 패턴이 나온다. 즉, 빠르고, 느리고, 다시 빠르게 하는 것이다. 각 교전 당사자가 자기에게 유리할 때 속도를 만들려고 노력하면서 경쟁적인 리듬이 생긴다.

집중은 어떤 목표에 시간과 공간의 **효과**를 모으는 것이다. 이것은 특정 시간과 공간에서 우월한 전투력을 만드는 것이다. 집중은 수적으로 열세인 군대에 결정적인 국지적 우세를 만들 수 있다. 결정적 시간과 장소에 집중하려는 의지는 엄격한 절약과 다른 시간이나 장소에서 리스크를 받아들일 것을 필요로 한다. 집중은 전쟁의 수행 뿐만 아니라 전쟁의 준비에도 적용된다.

전쟁은 유동적이고 기회는 순식간에 흘러가기 때문에 집중은 시간 뿐만 아니라 공간에도 적용된다. 우리는 결정적 순간 뿐만 아니라 결정적 장소에도 효과를 집중해야 한다.

우리는 공동의 목적을 이루기 위한 협동을 통해 집중을 달성한다. 이것은 군대의 모든 요소에 적용되며, 지상전, 항공전, 후방지원 사이의 조정을 포함한다.

속도와 집중의 조합은 우리의 행동에 "펀치"나 "충격 효과"를 추가한다. 따라서 가능한 최대의 속도와 집중을 조합해 공격해야 한다.

기습과 대담성

전투력을 만드는 데 특별히 유용한 두 개의 개념을 추가한다. **기습**과 **대담성**이다.

기습이란 적의 저항 능력을 떨어뜨리는 예상치 못한 사건에서 나오는 혼란한 상태를 의미한다. 우리는 적이 대비하지 못한 시간이나 장소, 방법으로 적을 타격함으로써 기습을 달성한다. 적이 알지 못하게 하는 것이 핵심이 아니며, 알아채는 것이 너무 늦어 효율적으로 대응하지 못하는 것이 핵심이다. 기습의 욕구는 "모든 작전에 거의 기본으로 있다. 그것이 없으면 결정적 장면에서 우월해지는 것을 좀처럼 생각할 수 없기 때문이다."[19] 기습은 우월의 전제조건이면서 그 심리적 효과 때문에 전투력의 진정한 근원이기도 하다. 기습은 가까이 있는 물리적 수단을 훨씬 넘어 전투 결과에 결정적으로 영향을 끼칠 수 있다.

기습으로 얻는 이익은 혼란의 정도와 적이 그 혼란에 적응해 회복하는 능력에 달려 있다. 기습은 충분히 가혹하다면 충격으로 이어질 수 있고, 비록 일시적일지라도 완전히 반응하지 못하는 것까지 될 수 있다. 기습은 속도, 은밀, 모호, 기만에 의존한다. 이것은 자주 더 어려운 일을 하는 것을 의미한다. 예를 들어 적이 예상하지 못할 것을 바라면서 우회 공격을 하는 것이다. 사실 이것은 기동의 탄생으로 약세의 위치에서 타격하기 위해 적의 강세를 회피하는 것이다.

기습의 요소가 자주 결정적으로 중요하지만, 우리는

기습은 달성하기 어렵고 잃기 쉽다는 것을 알아야만 한다. 기습의 이익은 오직 일시적이며 빠르게 활용해야만 한다. 전쟁의 지배적 특징인 마찰은 기습의 영원한 적이다. 우리는 또한 기습은 항상 바람직하지만 그것을 달성할 수 있는 능력은 오직 우리 자신의 노력에 달려 있다는 것을 깨달아야만 한다. 기습은 우리가 **하는** 것이 아니라 우리가 하는 것에 적이 **반응**하는 것이다. 이것은 기습에 대한 적의 감수성, 즉 적의 기대와 준비에 달려 있다. 따라서 기습을 달성하는 능력은 적의 기대를 파악하고 활용할 줄 아는 능력에 있다. 그러므로 기습은 결정적일 수 있으나 근소하게 승리하기 위해 기습에 의존하는 것은 위험하다.

기습을 달성하는 세 가지 기본 방법이 있다. 첫 번째 방법은 **기만**이다. 기만은 우리가 실제로 하고자 하는 것과 다른 무언가를 하려 한다고 적을 유인해 적의 이익에 반하게 행동하도록 유도하는 것이다. 그 의도는 적에게 상황에 대한 분명한 그림을 주는 것이되, 그 그림은 틀

린 그림이다. 두 번째 방법은 **모호**이다. 모호는 적이 예상할 수 없게 행동하는 것이다. 예상할 수 없기 때문에 적은 수많은 가능성을 준비해야 하고, 그 어떤 것도 적절하게 준비할 수 없게 된다. 세 번째 방법은 **은밀**이다. 은밀은 임박한 행동에 대해 적이 아무것도 알지 못하게 하는 것이다. 적은 우리의 의도에 속거나 혼란을 겪지 않고 완전히 무지하다. 이 셋 중에서 일반적으로 기만이 가장 큰 효과를 내지만 가장 달성하기 어렵다.

대담성은 전투력의 근원에서 기습과 동일하다. 대담성은 작은 결과보다 큰 결과를 추구하는 전쟁의 자연스러운 불확실성을 확고하게 활용하려는 특성이다. 클라우제비츠에 따르면, 대담성은 "시간, 공간, 전력을 포함하는 성공적 계산에 덧붙이는 어떤 힘이 되어야 하는데, 그 힘이 우월한 곳마다 적의 약세를 이용할 것이기 때문이다. 다른 말로 하자면, 대담성은 진실로 창조적인 힘이다."[20] 대담성은 비록 언제나 즉각적 공격 행동과 동일하지는 않을지라도 모든 경우에서 소심함보다 뛰어나다.

우리가 타격하기 전에 적을 되돌릴 수 없이 불안하고 초조하고 계산하게 하는 인내도 대담성의 한 형태가 될 수 있다. 대담성은 강한 상황 인식에 기초한다. 즉, 우리는 상황의 경중을 가린 뒤 행동한다. 다른 말로 하자면 대담성은 경솔함이 되지 않기 위해 절제되어야 한다.

기습과 대담성은 밀접한 관련이 있다. 기습을 달성하기 위해 자주 필요한 위험을 감수하려는 의지는 대담성을 드러낸다. 마찬가지로 대담성은 기습의 달성에 기여한다. 상황의 경중을 가린 뒤 필요한 조치를 절반만 취하는 것은 기습의 효과를 감소시킨다.

무게중심과 치명적 약점
우월한 전투력을 만드는 것만으로 충분하지 않다. 우리는 우월한 전투력이 몇몇 관련 없는 노력에 분산되거나 어떤 결과를 내지 못하는 목적에 집중되는 것을 쉽게 인식할 수 있다. 우리는 이기기 위해 결정적 목표에 전투력을 집중해야 한다. 이것을 생각하는 데 도움이 되는 관련된 두 개의 개념이 있다. **무게중심**과 **치명적 약점**이 그것이다.

각 교전 당사자는 단일한 힘이 아니라 수많은 물리적, 도덕적, 정신적 요소 뿐만 아니라 그것들 사이의 관계로 이루어진 복잡한 시스템이다. 이 요소의 조합이 각 교전 당사자의 독특한 성격을 결정한다. 이 요소 중 어떤 것은 다른 것보다 더 중요할 수 있다. 어떤 요소는 교전 당사자의 전력에 사소하게 기여하며, 그것이 없어지더라도 심각한 손해를 끼치지 않을 수 있다. 다른 요소는 전쟁 능력의 근본적 근원이 될 수 있다.

우리는 스스로 묻는다. **어떤 요소가 적에게 중요할까? 어떤 요소가 없으면 적은 할 수 없게 될까? 어떤 요소를 제거하면 적을 우리의 의지에 가장 신속하게 굴복시킬까? 이것이 바로 무게중심이다.**[21] 상황에 따라서 무게중심은 결의나 사기와 같은 무형의 특성을 띨 수 있다. 기갑부대나 항공 전력과 같은 능력일 수 있다. 전체 방어 시스템을 떠받치는 어떤 중요 지역 같은 지역 특성일 수 있다. 두 개의 무기 사이의 협력, 동맹 간의 관계, 두 군대 사이의 연결 지점과 같은 시스템의 하나 또는 그 이상 요소 사이의 관계일 수 있다. 요약하자면, 무게중심은 강세의 중요한 근원들이다. 그것들이 우호적 중심이라면 우리는 보호하기를 원하고, 만약 그것들이 적의 무게중심이라면 우리는 빼앗기를 원한다.

우리는 적의 강세의 근원을 공격하기를 원하지만 그 강세를 직접 공격하기는 원하지 않는다. 우리는 분명 적의 몇몇 상대적 약세에 우리의 강세를 집중함으로써 성공 가능성을 높인다. 마찬가지로 우리는 스스로 묻는다. **적의 취약한 곳은 어디인가?** 이것을 전쟁 용어로 말하면, 적의 주의가 집중하는 가장 강력한 정면을 피해 우리가 오는 것을 적이 예상하지 못하고 우리가 가장 큰 피해를 줄 수 있는 측면과 후위를 공격해야 한다고 할 수 있다. 우리는 또한 적이 취약한 순간에 맞춰 공격해야 한다.

모든 취약점 중에서 우리는 선택할 수도 있다. 어떤 것은 다른 것보다 적에게 더 치명적이다. 어떤 것은 적의 몰락에 중대하게 기여하지만 다른 것은 그저 사소한 결과로 이어질 뿐이다. 그러므로 우리는 **치명적 약점**, 즉 우리가 이용한다면 우리에게 저항하는 적의 능력에 가장 중대한 손해를 끼칠 약점에 우리의 노력을 집중해야 한다.

우리는 적의 시스템을 비교적 작은 무게중심이나 치명적 약점의 관점에서 이해하도록 노력해야 하는데, 그 이유는 이것이 우리의 노력을 집중하게 하기 때문이다. 우리가 이것을 더욱 좁혀갈수록 우리는 더욱 쉽게 집중할 수 있다. 그러나 우리는 대부분의 적 시스템에는 다른 모든 것이 의존하는 단 하나의 무게중심이 없으며, 설령 그럴지라도 그 무게중심은 잘 보호될 것이라는 것을 인식해야 한다. 원하는 효과를 얻기 위해서는 몇몇 작은 무게중심이나 치명적 약점을 동시에 또는 순차적으로 공격하는 것이 자주 필요할 것이다.

무게중심과 치명적 약점은 상호 보완적 개념이다. 전자는 어떻게 적의 시스템을 공격할 것인가의 문제를 강세의 근원을 찾는 관점에서 바라보며, 후자는 약세의 근원을 찾는 관점에서 바라본다. 치명적 약점은 무게중심을 공격하는 오솔길이다. 둘은 동일한 기본 목적이 있다. 적에게 최대의 효과를 낼 수 있는 방식으로 우리의 행동을 맞추는 것이다.

기회의 창조와 활용

이 논의는 당연히 다음의 생각으로 이어진다. 기회를 창조하고 활용하는 것의 중요성이 그것이다. 모든 상황에서 지휘관은 예상하지 못한 것에 대응하고, 초기의 행동에서 나오는 조건에 의해 창조되는 기회를 활용하도록 준비되어 있어야 한다. 적의 치명적 약점을 파악하는 것이 특별히 어려울 때, 지휘관은 결정적 기회를 발견할 때까지 어떤 취약점이든 활용하는 것 외에는 선택이 없을 수 있다. 대립하는 의지가 상호 작용하기 때문에 이것은 양쪽에 여러 순간의 기회를 만든다. 그런 기회는 전쟁에서 당연한 안개와 마찰 속에서 자주 생겨난다. 그것은 우리의 행동, 적의 실수, 심지어 우연의 결과일 수 있다. 우리는 기회를 활용함으로써 더 많은 기회를 창조한다. 이런 기회를 가차 없이 활용하는 능력과 의지가 자주 결정적 결과를 만든다. 기회를 이용할 줄 아는 능력은 속도, 유연성, 대담성, 선제의 함수이다.

결론

우리가 기술한 전쟁 이론은 마지막 장인 전쟁의 수행에 관한 토론의 기초가 된다. 전쟁의 모든 행동은 정치적 행동이며, 따라서 전쟁의 수행은 정책 목표를 뒷받침하는 것이 되어야 한다. 전쟁은 총력전의 전략적 방향에서 전투력의 전술적 적용까지 여러 수준에서 동시에 일어난다. 가장 높은 수준에서 전쟁은 정치력의 모든 요소를 활용하는 것을 포함하는데, 거기서 군사력은 하나의 요소에 불과하다. 모든 수준에서 전쟁 행동은 주도권을 장악하고 유지하려는 목적을 가진 선제와 대응의 상호작용의 결과이다. 모든 전쟁은 속도, 집중, 기습, 대담성과 같은 개념에 기초한다. 전쟁 성공은 치명적 약점이나 무게중심에 우리의 노력을 맞추고 순식간의 기회를 인식하고 활용하는 능력에 기초한다. 앞으로 논의하겠지만 우리의 이론에서 도출한 전쟁 수행 교리는 기동에 기초한다.

제3장
전쟁의 준비

"중요한 것은 행동이다. 행동에는 세 단계가 있다. 생각해서 내린 결정, 실행을 위한 명령이나 준비, 그리고 실행 그 자체이다. 이 모든 단계는 의지에 지배된다. 의지는 성격에 뿌리를 두고 있고, 행동하는 사람에게 성격은 지능보다 중요하다. 의지 없는 지능은 가치가 없으며, 지능 없는 의지는 위험하다."[1]

_한스 폰 젝트

"능숙한 보병이나 사기가 높은 포병이 되는 것으로 충

분하지 않다. 할 수 있다는 신념을 가진 능숙한 물의 전사와 정글의 전사가 되어야만 한다. 그것이 바로 해병대 훈련을 받은 해병이다."[2]

_얼 H. 엘리스

평화의 시기에 군대의 가장 중요한 과업은 전쟁을 준비하는 것이다. 이 준비를 통해 군대는 잠재적 침략자를 억제할 수 있다. 국가의 즉응원정부대로서 미국 해병대는 "언제 어디서든" 그리고 어떤 분쟁에도 즉시 대응할 수 있는 준비를 갖추고 있어야만 한다. 모든 평시 활동은 전투 즉응성을 달성하는 데 초점을 맞추어야 한다. 이것은 높은 수준의 훈련, 조직과 장비의 유연성, 전문 리더십, 일관된 교리를 의미한다.

전력 계획 수립

전력 계획 수립은 군사 능력의 창조와 유지에 관한 계획을 세우는 것이다.[3] 계획 수립은 전쟁의 준비 뿐만 아니라 전쟁의 수행에도 중요한 역할을 한다. 어떤 계획이든 핵심이 되는 것은 명확하게 정의된 목적이며, 이 경우에는 필요한 즉응성의 수준이 그것이다.

해병대의 계획 수립은 개념에 기초한다. 즉, 모든 계획 수립은 해병대가 특정한 주요 기능을 어떻게 수행할 것인가를 기술하는 공통의 개념 집합에서 나온다. 이 개념들은 해병대가 수행할 필요가 있을 임무의 유형과 어떻게 그 임무를 달성할 것인가를 기술한다. 이 개념들은 필요한 능력을 파악하고 그 능력을 개발하는 공동의 프로그램을 실행하기 위한 기초가 된다.

이 공통의 개념 집합에 기초해 평시 해병대는 훈련, 교육, 교리, 인사 관리, 장비 구매를 포함한 모든 노력을 통합한 전력 계획을 수립한다. 노력의 통일은 전쟁의 준비 기간뿐만 아니라 전쟁의 실행 기간에도 중요하다. 목적을 특정하고 그 목적을 달성하기 위한 과정을 계획하는 이 체계적인 과정은 준비의 모든 분야와 수준에 적용된다.

조직

작전 부대는 어떤 환경에서도 원정 작전을 수행할 수 있는 전방 전개 병력 또는 즉시 전개 병력을 제공하는 조직 역량을 갖추고 있어야 한다. 이것은 독특한 상륙 능력을 유지하는 것에 더해, 작전 부대는 어떤 수단을 쓰더라도 상황에 적합하게 전개할 수 있는 능력을 유지해야만 한다는 것을 의미한다.

실행 작전 부대는 대부분의 유형의 위기와 분쟁에 즉각 대응할 수 있어야만 한다. 장기 임무에는 많은 경우 예비군의 증원도 필요하다.

해병대 전력은 작전과 훈련을 위해 해병공륙임무부대(Marine air-ground task forces/MAGTF)로 조직을 편성한다. MAGTF는 지상, 항공, 후방지원, 지휘로 구성된 테스크 포스이다. 이것은 표준 조직이 아니라 오히려 특정 상황에 맞게 구성된다. MAGTF는 당면한 상황에 맞출 수 있는 연합 전력에 한 명의 사령관을 둔다. 물론 상황이 변하면 MAGTF를 재편성할 수 있다.

작전 부대는 전투 행위를 위해 조직한 뒤 평시를 위해 적용해야지 그 반대로 해서는 안 된다. 조직 편성표는 **전개 가능성과 특정 상황에 따라 과업을 조직하는 능력**이라는 두 개의 핵심 요건을 반영해야 한다. 부대는 유형에 따라 훈련, 관리, 병참의 필요가 규정하는 만큼만 조직되어야 한다.

사령관은 지원을 받는 부대와 지원을 주는 부대 사이에 습관적 관계를 구축해 작전을 숙지하게 만들어야 한다. 이것은 상황에 따라 필요한 비표준적 관계를 배제하지 않는다.

교리
교리는 전쟁의 본질과 이론에서 그 준비와 실행까지 전쟁이라는 주제에 관한 해병대가 가진 근본 믿음에 대한 가르침이다.[4] 교리는 전쟁과 싸우는 방법에 관해 특별한 사고방식을 확립한다. 또한 교리는 전투에서 해병대원을 이끄는 철학, 전문직업의식을 위한 사명, 그리고 공통의 언어를 제공한다. 요약하자면 교리는 우리의 직업을 실행하는 방식을 확립한다. 이렇게 교리는 협동과 상호 이해를 위한 기초를 제공한다.

전문직업의식

해병대 교리는 리더에게 전문가의 능력을 요구한다. **국가 방어의 임무를 맡은 전문 직업인으로 해병대 리더는 전쟁의 수행에서 진정한 전문가가 되어야만 한다.** 그들은 "일을 이루는" 데 능숙한 행동의 사람이면서 동시에 군사 기술에 정통한 지성의 사람이 되어야만 한다. 단호하고 주체적으로 결정하면서, 동시에 강력하면서 집요하게 실행해야만 한다.[5]

군인이라는 직업은 생각하는 직업이다. 모든 해병은 전쟁의 기술과 과학을 공부하는 학생이 되어야 한다. 특별히 장교는 군사 이론에 관한 확고한 지식이 있어야 하며, 군사(軍史)를 알아 거기에서 시대를 초월하는 교훈을 얻어야 한다.

리더는 자신의 직업에 따르는 막중한 책임을 강하게 의식해야만 한다. 그들이 전쟁에서 소비할 자원은 인간의 생명이다.

해병대의 전쟁 스타일은 지성 있는 리더에게 말단의 병사까지 대담성과 자발성을 선호하게 만들 것을 요구한다. 대담성은 가까이 있는 물리적 수단을 뛰어넘는 전투력을 만들기 때문에 리더에게 반드시 필요한 정신적 특성이다. 자발성은 자신의 판단에 따라 행동하려는 의지로서 대담성의 전제조건이다. 이런 특성을 과도하게 드러내면 경솔한 행동으로 이어질 수 있지만, 젊은 리더가 대담성 때문에 만드는 잘못은 배움의 꼭 필요한 부분이라는 것을 우리는 인식해야만 한다.[6] 우리는 그런 잘못을 너그럽게 다루어야 한다. "완전무결"해야 한다는 정서가 있어서는 안 된다. "완전무결"을 없애는 것은 처벌의 위협으로 대담성이나 자발성을 억누르지 않는다는 것을 의미한다. 이것은 잘못에 대해 지휘관이 하급자에게 조언하지 않는다는 것을 의미하지 않는다. 건설적 비판은 배움의 중요한 요소이다. 이것은 하급자에게 어리석거나 경솔한 행동을 무제한 허용하는 것을 의미하지 않는다.

우리는 대담성과 자발성을 억누르지 않을 뿐 아니라 **잘못에도 불구하고** 이 두 가지 특성을 함양하도록 부추겨야 한다. 한편으로 우리는 행동하지 않거나 소심하게 행동함으로써 생기는 잘못을 엄하게 다루어야 한다. 우리는 행동하지 않은 것에 대한 정당화의 이유로 명령이 없었다는 것을 받아들이지 않을 것이다. 각 해병대원은 상황이 요구할 때 자발적으로 행동할 **의무**가 있다. 우리는 책임이나 필요한 리스크의 회피를 용인해서는 안 된다.

따라서 신뢰는 리더 사이의 필수 특성이다. 상급자는

하급자의 능력을 신뢰하며, 하급자는 상급자의 능력을 신뢰하고 그를 지원한다. 신뢰는 얻어야만 하며, 신뢰를 훼손하는 행동은 엄격히 질책받아야 한다. 신뢰는 자신감과 익숙함에서 나온다. 전우 사이의 자신감은 전문 기술을 실제로 해 보이는 데에서 생긴다. 익숙함은 공유하는 경험과 공통의 전문 철학에서 생긴다.

부사관부터 대장까지 모든 리더 사이의 관계는 계급의 차이와 상관없이 정직과 솔직에 기초해야 한다. 지휘관이 결정해 언급할 때까지 하급자는 비록 상급자와 의견이 일치하지 않을지라도 솔직하고 전문적인 의견을 제시하는 것을 그 의무로 여겨야 한다. 그렇지만 일단 결정이 내려지면 하급자는 그것이 마치 자신의 결정인 것처럼 지지해야만 한다. 상급자는 하급자가 허심탄회하도록 부추겨야 하며 계급장의 권위로 누르지 말아야 한다. 진급을 위해 기꺼이 순응하는 "예스맨"의 행위는 용인되지 않을 것이다.

훈련

모든 훈련의 목적은 전투에서 이길 수 있는 병력을 육성하는 것이다. 훈련은 전투 효과의 열쇠이며, 따라서 평시에 하는 주요 활동이다. 그러나 훈련은 전쟁의 개시와 함께 중단해서는 안 된다. 훈련은 전투의 교훈을 적용하기 위해 전쟁 중에도 계속되어야 한다.

모든 장교와 부사관은 비슷한 초급 수준의 훈련을 받는데, 그것은 실질적으로 사회화의 과정이다. 이 훈련은 모든 해병에게 공통의 경험, 자랑스러운 전통, 가치관, 그리고 동료의식을 제공한다. 이것은 한 명의 해병을 만드는 데 필요한 첫 번째 단계이다.

기본 개인 기술은 전투 효과를 위한 필수 기초이며 매우 강조해야만 한다. 모든 해병은 자신의 전문 직종과 상관없이 기본 전투 기술을 훈련받을 것이다. 동시에 부대 기술은 극도로 중요하다. 이것은 단순히 개인 기술의 축적이 아니다. 개인 기술이 충분한 것이 자동으로 부대 기술이 만족스럽다는 것을 의미하는 것은 아니다.

각 계층의 지휘관은 부하에게 각 수준에서 능숙하게 되는 데 필요한 훈련을 할 시간과 자유를 충분히 배당해야 한다. 지휘관은 상부로부터의 요구가 부하의 자발적인 부대 훈련 기회를 빼앗지 않도록 해야 한다.

젊은 리더의 자발성을 개발하기 위해 훈련은 전투처럼 분권화되어야 한다. 상급 지휘관은 훈련의 목표와 표준을 설정해 훈련의 의도를 전달하고 훈련의 주요 활동을 확립해야 한다. 원칙적으로 지휘관은 훈련의 방법을 지시하는 것을 삼가야 한다.

훈련 프로그램은 개인과 소대의 기술에서 시작해 최종적으로는 제병협동 MAGTF까지를 대상으로 하는 실천적, 도전적, 누진적 목표를 반영해야 한다. 일반적으로 전투 조직은 훈련 조직이 되어야 한다. 즉, 단위 부대는 MAGTF를 포함해 전투에 필요한 임명 부대, 증강 부대, 지원 부대를 총동원해 훈련해야 한다.

집합 훈련은 반복 연습과 모의 연습으로 이루어진다. 반복 연습은 과제의 누진 반복에 의한 숙달을 강조하는 소단위 훈련 형태이다. 반복 연습은 속도와 협조를 확보하기 위해 변함 없이 반복 수행해야 하는 표준화된 기술과 절차를 육성하는 효과적인 방법이다. 사격 연습, 비행 전 준비, 긴급 행동 등이 그 예이다. 이와는 반대로, 모의 연습은 모의 전투 환경에서 부대와 개인을 전술 훈련 하는 것을 목적으로 한다. 모의 연습은 전쟁 상황과 최대한 유사해야 한다. 즉, 불확실성, 긴장, 혼란, 대립하는 의지라는 형태의 마찰을 들여와야 한다. 이 마지막 특징이 가장 중요하다. 대립하면서 자유롭게 실행하는 모의 연습을 통해서만 우리는 전쟁의 기술을 훈련할 수 있다. 사전에 준비되거나 "정형화된" 시나리오는 대립하는 독립적 의지라는 전쟁의 본질을 없애 버린다.

비평은 훈련의 중요한 부분이다. 비판적 자기 분석은

성공한 뒤에도 개선에 꼭 필요하기 때문이다. 비평의 목적은 훈련에서 교훈을 끌어내는 것이다. 따라서 우리는 훈련을 끝낸 즉시 훈련의 기억이 희미해지기 전에 비평을 실시해야 한다. 비평은 열린 분위기에서 솔직한 대화로 이루어져 모든 참가자가 비평에 기여하도록 부추겨야 한다. 우리는 잘된 것뿐만 아니라 실수를 통해서도 배울 수 있기 때문에 실수를 기꺼이 인정하고 그것을 토론하려고 해야 한다. 물론 하급자가 실수를 인정하려는 의지는 지휘관이 그것을 용인하려는 의지에 달려 있다. 전쟁에서는 똑같은 상황이라고는 없기 때문에, 우리의 비평은 우리가 한 행동보다는 왜 그렇게 행동했으며 우리가 한 행동으로 왜 그런 결과가 나왔는지에 초점을 맞추어야 한다.

전문 군사 교육

전문 군사 교육은 생각할 줄 아는 창조적 리더를 육성하는 것을 의도한다. 리더십 훈련의 초기 단계부터 리더의 경력을 연속적, 누진적 발전 과정으로 보아야 한다. 각 단계마다 해병대원은 이어지는 단계를 준비하고 있어야 한다.

리더 경력의 초기 단계는 사실상 수습이다. 리더는 경력을 통해 도움이 될 만한 이론과 개념의 기초를 습득하면서 필수사항을 이해하고 특정 분야와 관련된 절차와 기술을 배우고 적용하는 데 집중한다. 이것은 비행사, 보병, 포병, 병참의 업무를 배울 때이다. 경력이 늘어가면서 리더는 여러 직무에 정통하고 분야 내에서 기술과 절차의 상관관계를 이해하려고 노력해야 한다. 이 단계에서 해병의 목표는 전쟁의 전술적 수준에서 전문가가 되는 것이다.

장교는 성장하면서 보다 넓은 범위의 주제에 정통하며 전쟁의 운영 수준까지 그 범위를 넓혀야 한다. 이 단계에서 장교는 전술과 기술의 전문가일 뿐만 아니라 연합 부대, 상륙작전, 원정 작전에도 전문가가 되어야 한다. 상급 장교 수준에서는 연합 다국적 환경에서

MAGTF 전투 능력을 명확하게 표현하고 적응하고 통합하는 능력을 충분히 발휘해 모든 수준에서 전쟁 기술의 달인이 되어야 한다.

교육 기관은 해병대, 예하 사령부, 외부 교육 기관이 운영하는 학교들로 이루어지며 전쟁의 과학과 기술에 대한 정규 교육을 제공한다. 모든 전문학교, 특별히 장교 학교는 군사적 판단을 하는 재능을 개발하는 데 초점을 맞추어야 하지, 원격 교육을 통해 단순히 지식을 전달하는 것에 그쳐서는 안 된다. 교육 기관이 실시하는 공부는 개인을 위한 완전한 경력 준비가 될 수 없으며, 모든 개인에게 제공할 수 있는 것도 아니다. 오히려 이것은 지휘관과 개인 학습에 의해 만들어진 기초 위에 세워지는 것이다.

모든 지휘관은 부하의 전문 능력 개발을 지휘관의 주된 책임으로 인식해야 한다. 지휘관은 부하와 개인 교사-학생 관계를 조성해야 한다. 지휘관은 군사적 판단과 의사 결정을 개발하는 것을 포함하고, 일반 전문 주제와 직업 전문성과 관련 있는 특정 기술 주제를 가르치는 지속적인 전문 교육 프로그램을 부하를 위해 실시할 것이라는 기대를 받는다. 일반 전문 개발을 위한 유용한 도구는 독서 지도 프로그램, 도상 연습, 워 게임, 전투 학습, 지형 학습 등이 있다. **지휘관은 부하의 발전을 부하에게 자신을 직접 반영하는 것으로 보아야 한다.**

마지막으로 모든 해병은 무기의 직업을 공부할 책임이 있다. 전쟁의 역사와 이론은 군사 직업의 지적 내용이므로 그것을 알려고 하지 않는 리더는 무늬만 리더일 뿐이다. 전쟁의 기술과 과학에서 자기 주도 학습은 몸 상태의 유지와 동일한 정도로 중요하며 동일한 시간을 할애해야 한다. 이것은 특별히 장교에게 그렇다. 결국 마음은 장교의 주요 무기이다.

인사 관리
전쟁은 기본적으로 인간 활동이기에 효과적인 인사

관리는 전쟁 성공에 중요하다. 이것은 개인의 판단과 행동을 중시하는 기동전의 교리 때문에 특히 그렇다. 우리는 모든 계급과 전문 직종의 해병이 다른 사람으로 교체될 수 없으며 특정 능력과 기질에 기초해 배치되어야 한다는 것을 인식해야 한다. 이것은 사령부에 배정할 최적의 인물은 누구인가, 참모로는 누가 최적인가를 인식하는 것을 포함한다. 그렇지만 그렇게 인식함으로써 어느 한쪽을 불리하게 만들어서는 안 된다.

인사 관리 시스템은 부대와 참모에서 단결, 팀워크, 암묵적 이해를 높이는 수단으로 인사 안정성을 달성하는 것을 추구해야 한다. 우리는 전쟁 사상자가 인사 안정성을 크게 해칠 것이지만 처음부터 인사 안정성이 높을수록 사상자에 의한 피해를 흡수하고 보충병을 받아들이는 것을 더 잘 할 것이라고 인식한다.

마지막으로 승진과 진급 정책은 책임을 받아들이고 자발성을 실천하는 것을 보상하는 것이 되어야 한다.

장비 조달

장비는 조작과 정비가 쉬우며, 신뢰할 만하며, 다른 장비와 상호 운용이 가능해야 한다. 전문 조작원의 훈련은 최소가 되어야 한다. 나아가 장비는 그 사용이 확립된 교리와 전술에 일치하도록 계획되어야 한다. 우선으로 고려해야 할 것은 전략 전술적 이동이다. 해병대의 전략 기동은 선박 운송에 의존하고, 선상에서 해안까지와 해안에서의 활동을 위한 전술 기동은 상륙용 주정, 헬리콥터, 수직/단거리 이착륙 항공기에 의존한다. 다른 하나의 핵심 고려사항은 해병대가 빈번하게 작전할 것으로 예상되는 지역이 지원 기반시설이 제한된 미개발 전장일 때 장비를 사용하고 지원할 수 있느냐는 것이다.

연구 개발 비용과 배치 시간을 최소로 하기 위해 해병대는 기존의 역량인 "범용" 기술을 가능한 최대로 활용할 것이다.

장비 조달은 확립된 작전 개념과 기능 개념에 기초한

상호 보완적 쌍방향 과정이어야 한다. 특별히 장기적으로 그 과정은 전투 필요사항을 특정하고 그 필요사항을 충족하기 위한 장비를 개발하는 것이어야 한다. 가능하다면 이 필요사항은 적 취약성에 기초해야 하며 그 취약성을 활용하는 장비를 개발해야 한다. 동시에 그 과정은 유용성이 분명한 기존 장비를 못 보고 넘어가서는 안 된다.

장비는 전투 효과를 높일 때에만 유용하다. 어떤 장비든 지원이 필요하다. 조작자 훈련, 유지 보수, 동력원이나 연료, 운송 등이 그것이다. 기대하는 역량의 증가는 이런 지원의 필요사항을 충족해야 하며 장비의 사용은 이 필요사항을 고려해야 한다.

장비 조달 노력은 특정 환경에서 사용하기 위한 특수화의 필요와 넓은 범위의 환경에서 사용하기 위한 유용성의 필요 사이에 균형을 맞출 필요가 있다. 장비 능력의 향상은 일반적으로 특수한 장비를 더 많이 개발하는 것을 필요로 한다. 더 특수한 장비는 더 반격에 취약해지는 경향이 있다. 이 문제에 대한 하나의 해결책으로는 단일 군(群)의 유사 장비를 개발하는 것이 아니라 장비 유형의 다양성을 유지하는 것이 있다.

장비 사용 기술과 절차는 장비를 현장에 내보내는 것과 작전 부대가 장비를 사용하는 것 사이에 걸리는 지연을 최소화하기 위해 될 수 있는 한 장비와 동시에 개발해야 한다. 같은 이유로 최초의 장비 조작 훈련은 장비를 현장에 투입하기 전에 이루어져야 한다.

장비는 두 가지 위험이 있다. 하나는 기술에 과도하게 의존하는 것이고, 다른 하나는 기술 역량을 최대로 활용하지 못해 생기는 실패이다. 기술은 인간의 전쟁 능력을 향상해 전쟁의 방법과 수단을 높일 수 있지만 전쟁 과정에서 인간을 배제하려고 시도해서는 안 된다. 좋은 장비가 만병통치약은 아니다. 전투 결함에 대한 교리적, 전술적 해결 또한 추구되어야 한다. 기술 진보로 얻은 우위는 누군가 항상 전술적 또는 기술적 반격을 찾아내 기술의 충격을 줄일 것이기 때문에 일시적이다. 게다가 장비가 작동하지 않을 때 우리는 더 이상 효과적으로 기능할 수 없기 때문에 장비에 그렇게 의존해서는 안 된다. 마지막으로 우리는 기술의 사용에서 규율을 행사해야만 한다. 특별히 첨단 정보 기술은 부하에 대한 정밀하고 적극적인 통제를 유지하려고 우리를 유혹할 수 있는데, 그것은 해병대의 지휘 철학에 부합하지 않는다.

결론

군사 기능에는 전쟁 수행과 전쟁 준비의 두 가지 기본 기능이 있다. 현재의 전쟁 수행에 기여하지 않는 군사 활동은 앞으로 있을 미래의 전쟁을 준비하는 데 기여할 때만 정당화된다. 분명 우리는 준비와 실행을 분리해서는 안 된다. 준비 실패는 전장에서의 참사로 이어지기 때문에 이 둘은 밀접하게 관련되어야만 한다.

제4장
전쟁의 수행

"군대는 물에 비할 수 있다. 흐르는 물이 높은 곳을 피해 낮은 곳으로 서둘러 가듯이, 군대는 강한 곳을 피해 약한 곳을 타격한다."[1]
_손자

"속도는 전쟁의 본질이다. 적의 준비되지 않음을 이용하라. 예상치 못한 길로 가서 경계하지 않는 곳을 타격하라."[2]
_손자

"수년 전 어느 날 장교 임관을 꿈꾸던 사관후보생 시절에 나는 낡은 야전 업무 규정집에 나온 '전쟁의 원리'를 자세히 들여다보고 있었다. 그때 주임원사가 내게 다가왔다. 그는 친절하게 나를 살피며 말했다. '그 모든 것으로 너무 고민하지 마라. 전쟁에는 오직 한 가지 원리만 있을 뿐이고, 그것은 바로 이것이다. 적이 보지 못할 때 최대한 빨리, 최대한 세게 타격해, 최대한 크게 피해를 입혀라!'"3

_ 윌리엄 슬림 경

미국 해병대의 존재를 유일하게 정당화하는 길은 평화적 수단으로 불가능할 때 군사력을 사용해 국가의 정책 목적을 확보하거나 보호하는 것이다. 해병대가 이 임무를 어떻게 달성할 수 있을지가 전쟁의 본질과 이론에 관한 우리의 이해에서 나오며 우리의 전쟁 준비를 지도하는 힘이 되어야 한다.

도전

우리에게 있는 도전은 전쟁의 본질과 이론에 관한 이해와 현대의 전장 현실에 맞는 전쟁 수행 개념을 개발하는 것이다. 정확히 무엇이 필요한가? 불확실하고 혼란하며 유동적인 환경에서 효과적으로 기능하도록 돕는 전쟁 수행 개념이 필요하다. 사실 그런 환경을 우리에게 유리하게 이용할 수 있다. 우월한 속도를 만들고 활용해 시간에서 경쟁 우위가 있는 전쟁 리듬을 느끼고 이용할 수 있는 개념이 필요하다. 상황에 따라 우리의 기본 교리를 바꿔 능숙해지기를 기대할 수 없기 때문에 분쟁의 모든 스펙트럼에서 일관되게 유효한 개념이 필요하다. 전쟁에서 당연히 일어나는 순식간의 기회를 인식하고 활용할 수 있는 개념이 필요하다. 전쟁의 도덕적, 정신적, 물리적 힘을 고려하는 개념이 필요하다. 우리는 이것들이 전쟁의 대부분을 구성한다고 이미 결론을 내렸다. 우리는 수적 우위가 국지적인지 총체적인지 추정할 수 없기 때문에 수적으로 우월한 적에 맞서 성공할 수 있는 개념이 필요하다. 특별히 군사 행동에 대한 대중의 지지가 미지근하고 단기간 지속하는 원정 상황에서, 적의 영토에서 수적으로 우월한 적에 맞서 한정된 외부 지원으로도 사상자를 적게 내며 신속하게 이길 수 있는 개념이 필요하다.

기동전

이런 상황에서 승리하기 위한 해병대의 개념은 신속하고 유연하며 기회를 추구하는 전쟁 수행 교리이다. **기동**이 의미하는 바를 완전히 이해하기 위해 우리는 그 말을 명확히 할 필요가 있다. 기동의 전통적 이해는 공간적이다. 즉, 우리는 위치의 이점을 얻기 위해 공간에서 기동한다.[4] 그러나 기동의 유용성을 극대화하기 위해 우리는 기동을 다른 측면에서 생각해야만 한다. 기동의 본질은 우리의 목적을 가능한 효과적으로 달성하기 위한 수단으로 적에 대해 어떤 우위를 만들고 활용하기 위해 행동하는 것이다. 우위는 공간적인 것뿐만 아니라 심리적, 기술적, 시간적일 수 있다. 특별히 중요한 것이 **시간적** 기동이다. 즉, 적이 속도의 우위를 차지하는 것보다 더 빠른 운영 속도를 만드는 것이다. 열등한 군대가 필요한 시간과 공간에서 결정적 우위를 달성할 수 있는 것은 모든 측면에서 기동을 통해서이다.

기동전은 빠르고 집중하고 예상치 못한 행동으로 적이 대응할 수 없는 요동치고 빠르게 악화되는 상황을 만들어 적의 결속을 깨뜨리는 전쟁 수행 철학이다.

기동은 적의 방어를 서서히 파괴하는 대신 적의 시스템을 뚫고 들어가 그것을 찢어놓기 위해 방어를 우회하기를 시도한다. 기동의 목적은 적의 각 구성 요소를 점진적으로 소모해 물리적으로 파괴하는 일반적으로 비용과 시간이 많이 드는 방법 대신 적의 도덕적, 정신적, 물리적 단결을 깨뜨려 전체로 협조하면서 효과적으로 싸우는 능력을 무너뜨리는 것이다. 이상적으로는, 남아 있는 적의 물리적 강세의 구성 요소는 그것을 효과적으로 사용하는 적의 능력을 우리가 파괴했기 때문에 의미가 없다. 비록 압도당한 적이 개인이나 소규모 단위로 계속

싸울지라도 우리는 상대적으로 수월하게 남아 있는 적을 파괴할 수 있는데, 그것은 전력으로서 효과적으로 싸우는 적의 능력을 우리가 제거했기 때문이다.

이것은 화력이 중요하지 않다는 것을 의미하지 않는다. 그와 반대로 화력은 기동전의 중심이다. 적을 물리적으로 파괴할 기회를 포기하는 것을 의미하지도 않다. 기회가 주어지고 우리의 보다 큰 목적에 맞는다면 적의 요소를 파괴하기 위해 결정적 시점에서 화력과 전력을 집중할 것이다. 전투 중에도 적군의 파괴를 공격적으로 추구한다면 우리는 거의 실패하지 않을 것이다. 사실 기동전은 적의 치명적 약점에 우리의 전투력을 집중해 선택된 적 전력을 극도로 높이 소모하는 것을 자주 포함한다. 그런데도 그런 소모의 목적은 단순히 적의 물리적 강세를 점진적으로 떨어뜨리는 것이 아니라 적의 체계적 파괴에 기여하는 것이다. 화력의 가장 큰 효과는 일반적으로 천천히 느껴질 뿐인 누적 효과를 내는 물리적 파괴가 아니라 그것을 불러일으키는 시스템의 붕괴이다.

기동전의 목적이 적 시스템의 결속을 깨뜨리는 것이라면 그 목적을 향한 즉각적 목표는 적이 기능하지 못하는 상황을 만드는 것이다. 사건들을 예상하지 못하고 적이 대처할 수 있는 것보다 빠르게 발생하는 위협적 진퇴양난을 우리의 행동으로 가하는 것을 추구한다. 적은 상황이 나빠지고 있으며 그것도 급속히 나빠지고 있다고 인식해야만 한다. 궁극적 목적은 공포와 마비이며, 적이 저항할 능력을 잃게 하는 것이다.

기동전에는 주도권을 장악하고 행동의 조건을 결정하며 적의 태세를 끊임없이 불안정하게 만들어 적의 마찰을 높이는 **속도**의 필요가 본래부터 있다. 우리는 각 행동마다 적의 대응이 점점 늦어져 결국 사건들에 압도될 때까지 속도를 설정해야 한다.

기동전에는 효과를 극대화하기 위해 우리의 노력을 **집중할** 필요 또한 본래부터 있다. 전투에서 이것은 폭력과 충격의 효과를 포함하며, 물리적 소모의 근원이기

보다 붕괴의 근원이다. 우리는 적의 치명적 약점에 힘을 집중해 적의 싸우는 능력을 가장 크게 훼손하는 장소와 시간과 방법으로 신속하고 대담하게 타격한다. 어떤 우위든 일단 획득하거나 발견하면 가차 없고 확고하게 이용을 지속해야만 한다. 우리는 무자비하게 기회를 추구해야만 하며, 우리의 모든 가용 전투력을 쏟아부을 약점의 흔적을 적극적으로 찾아야 한다. **결정적** 기회가 오면 우리는 동원할 수 있는 모든 전투력을 사용해 우리를 피곤의 한계까지 밀어붙이는 기회의 완전하고 공격적인 활용을 실천해야만 한다.

우리의 무기고에 있는 중요한 무기는 **기습**이다. 우리는 기습의 전투 가치를 이미 인식했다. 우리는 적을 연구하면서 적의 인식을 이해하기를 시도할 것이다. 우리는 기만행동으로 적의 예상을 만들도록 노력할 것이다. 그런 뒤 우리는 그 예상을 활용해 예상치 못한 시간과 장소에 타격할 것이다. 예상치 못하게 보이기 위해 우리는 상상과 주도권을 억제하는 규칙과 유형을 피해야만 한다. 모호하고 위협적으로 보이기 위해 우리는 다양한 행동 경로를 제공하는 복수의 축에서 작전해 적이 우리가 어떤 경로를 취하는지 계속 불분명하게 해야 한다.

모든 전쟁이 요구하는 인내와 용기 같은 특성 외에도 기동전은 특정한 인간 기술과 특성을 중시한다. 기동전은 불확실성에 대처할 수 있는 기질이 필요하다. 기동전은 어떤 독립심, 주도권을 쥐고 대담하게 행동하려는 의지, 모든 기회를 완전히 이용하려는 기회에 민감한 태도, 이런 유형의 행동에 책임을 지려는 도덕적 용기가 필요하다. 이 중 마지막 특성은 자제심과 상관의 목적에 대한 충성심에 의해 지도되는 것이 중요하다. 마지막으로 기동전은 우리 수준 이상으로 생각할 수 있는 능력과 보다 큰 상황에서 필요한 것과 조화를 이루며 우리의 수준에서 행동할 수 있는 능력이 필요하다.

적정(敵情) 판단

적을 아는 것이 기동전의 기본이다. 기동전은 적 "시

스템"을 공격한다. 적 시스템은 우리의 특정 영역 안에서 우리와 대치하는 실체를 구성하는 모든 것이다. 전투기 조종사에게 그것은 방공 레이더, 지대공 미사일, 목표에 도달하기 위해 돌파해야만 하는 적기일 수 있다. 소총중대장에게 그것은 연접하는 특징이 있는 지형에서 장해물과 공용화기에 의해 보호되는 상호 지원의 방어 지점들일 수 있다. 전자전 전문가에게 그것은 적의 지휘 통제 네트워크일 수 있다. 해병대 원정군 사령관에게 그것은 작전 지역 내 모든 주요 전투 대형뿐만 아니라 지원하는 지휘 통제, 병참, 정보 조직일 수 있다.

우리는 적 시스템을 뚫고 들어가 그것을 찢어놓고, 필요하다면 분리된 구성 요소를 파괴하기 위해 적 시스템을 작동하게 하는 독특한 특징들을 이해하려고 노력해야 한다. 이것은 미리 정한 절차의 기계적 실행이라는 내부 지향보다는 적의 특별한 성격에 집중하는 외부 지향에 초점을 두는 것을 의미한다.

예를 들어 적 시스템이 방어 요새 식으로 작동한다면 그 시스템을 뚫는 것은 침입 또는 약한 지점에 있는 좁은 정면을 격렬하게 공격해 방어에 물리적 파열을 만든 뒤 지점을 열어젖히거나 안에서 옆으로 말아 올리는 것을 의미할 수 있다. 이런 식으로 우리는 각 지점을 정면에서 압도하지 않고 적 시스템의 논리를 무너뜨린다.

우리는 적의 사고 과정 "안으로 들어가려고" 노력해야 하며, 이기기 위해서 적이 자신을 보는 식으로 적을 보아야 한다. 적의 입장에서 적을 보는 것이 꼭 필요하다. 우리는 모든 적이 우리가 하는 것처럼 생각하고, 우리가 하는 것처럼 싸우고, 우리와 같은 가치나 목적을 가지고 있다고 가정하지 말아야 한다.

지휘 철학

우리의 지휘 철학이 우리가 싸우는 방법을 지원하는 것이 꼭 필요하다. 무엇보다 첫째로, **우리가 바라는 속도를 창출하고 불확실성, 혼란, 전쟁의 유동성에 대처하기**

위해 지휘 통제가 분권화되어야만 한다. 즉, 부하 지휘관은 지휘 계통을 따라 정보를 내려보내고 내려오는 결정을 기다리기보다 상관의 의도가 무엇인지 이해해 주도권을 쥐고 결정해야만 한다. 게다가 유능한 부하 지휘관은 결정의 순간에 당연하게도 어느 정도 떨어져 있는 상관보다 실제 상황을 더 잘 이해할 것이다. 우리가 분권화된 지휘와 통제를 실행하는 주된 수단은 임무 전술의 활용이며, 우리는 이것을 뒤에 자세히 논할 것이다.

둘째로, 우리는 전쟁이 인간 활동이고 아무리 기술이 중요해도 인간 측면을 무시할 수 없다고 결론을 내렸기에 우리의 지휘 철학은 장비나 절차보다 인간의 특성에 기초해야만 한다. 통신 장비와 지휘 참모 절차는 우리의 지휘 능력을 높이지만 지휘의 인간 요소를 낮추는 식으로 사용되어서는 안 된다. 우리의 철학은 대담성, 주도권, 개성, 강한 의지, 상상력과 같은 인간 특성에 부합하고 그것을 활용해야만 한다.

또한 우리의 지휘 철학은 **암묵적으로** 의사소통하는 인간의 능력을 활용해야만 한다.[5] 우리는 **암묵적 소통**, 즉 잘 이해된 소량의 핵심 구절을 사용하거나 심지어 다른 사람의 생각을 **기대**하는 **상호 이해**를 통한 의사소통이 상세하고 명시적인 지시를 사용하는 것보다 더 빠르고 효과적인 의사소통 방법이라고 믿는다. 우리는 공유하는 철학과 경험의 기초 위에서 친밀함과 신뢰를 통해 이 능력을 개발한다.

이 개념은 몇 가지 실제적 함의가 있다. 첫째, 우리는 필요한 친밀함과 신뢰를 개발하기 위해 장기간에 걸쳐 작동하는 관계를 확립해야 한다. 둘째, 핵심 인물인 "진짜들"은 가능할 때 통신 수단이나 전령이 아니라 서로 직접 말해야 한다. 셋째, 우리는 소리의 억양이나 음색이라는 말하는 **방법**을 통해서도 의사소통하기 때문에 가능할 때 말로 의사소통해야 한다. 넷째, 우리는 몸짓이나 태도를 통해서도 의사소통하기 때문에 가능할 때 몸소 의사소통해야 한다.

지휘관은 전투 행동에 가장 좋은 영향을 줄 수 있는 통상적으로 앞에서 제법 가까운 곳에서 지휘해야 한다. 이것은 지휘관이 전투의 변화를 직접 보고 느끼고, 보고서에서는 얻을 수 없는 상황에 대한 직관적 이해를 가능하게 한다. 이것은 작전 행동 중의 결정적 시점에서 인격적 영향을 줄 수 있게 한다. 또한 지휘관이 상황에 영향을 줄 수 있는 사건들을 더 가까이 접하도록 해 사건들을 직접 관찰하고 지휘 계통의 전달로 생기는 지연과 부정확성을 방지할 수 있게 한다. 마지막으로 우리는 인격적 리더십의 중요성을 인식한다. 지휘관이 현장에 직접 있어 위험과 자원 부족을 기꺼이 함께하려는 태도를 보임으로써만 부하로부터 신뢰와 신임을 완전히 얻을 수 있다. **우리는 전방 지휘와 부하에 대한 과도한 감독을 동일시해서는 안 된다.** 동시에 전방 지휘의 필요와 전투 운영 센터와 같은 중앙 위치에서 가장 잘 이루어지는 전체 상황에 대한 보고를 계속 받을 필요 사이의 균형을 맞추는 것이 중요하다. 지휘관은 상황의 한 면만 집중한 결과 전체 상황에 대한 인식을 잃어서는 안 된다.

우리의 지휘 철학의 일부로서, 우리는 전쟁은 본질적으로 무질서하고 불확실하며 역동적이고 마찰에 의해 지배된다는 것을 인식해야만 한다. 게다가 속도와 선제를 강조하는 기동전은 본질상 특별히 무질서한 형태의 전쟁이다. 활용하기에 무르익은 조건들 또한 보통 매우 무질서하다. 작전 행동의 기초로서 확실성을 얻으려고 노력하거나, 사건을 언제나 적극적으로 통제하려고 하거나, 사건을 계획에 억지로 맞추려고 하는 지휘관은 전쟁의 본질을 부정하는 것이다. 따라서 우리는 혼돈, 불확실성, 계속되는 변화, 마찰의 환경에서 대응하도록, 더 낫게는 **번성**하도록 준비되어야만 한다. 우리가 그 조건들에 대응할 수 있어 그 약화시키는 효과를 억제할 수 있다면 우리는 그것들에 대응하지 못하는 적을 향한 무기로 사용할 수 있게 된다.

실천적인 의미로 이것은 우리가 행동하기 전에 확실성을 얻도록 애써서는 안 된다는 것을 뜻한다. 그렇게 하면 우리는 주도권과 기회를 놓칠 것이다. 우리는 부하를 과도하게 통제하려고 해서는 안 된다. 이것은 필연적으로 우리의 속도를 늦추고 주도권을 억제할 것이다. 우리는 전투에서 일어나는 사건들에 정밀한 질서를 강요해서는 안 된다. 이것은 전쟁을 공식처럼 접근하게 만든다. 우리는 유효성을 상실한 사전 계획을 고집하기보다 변화하는 상황에 적응하고 발생하는 기회를 활용하도록 준비되어야만 한다.

우리의 지휘 철학에 관해 기억할 가치가 있는 몇 가지 점이 있다. 첫째, 이것은 우리의 전쟁 수행 스타일에 기초한 것이기는 해도, 반드시 전쟁 중에만 적용한다는 것을 의미하지 않는다. 우리는 전쟁을 준비하는 중에서 이것을 실천해야만 한다. 우리는 부하들이 주둔지에서 과도하게 감독을 받는 데 익숙해졌을 때 전투 현장에서 대담성과 주도권을 행사할 것이라고 당연히 기대할 수 없다. 임무가 훈련, 장비 구매, 행정, 헌병 업무일지라도 이 철학을 적용해야 한다.

둘째, 우리의 철학은 모든 수준에서 유능한 리더십을 필요로 한다. 중앙집권화된 시스템은 이론적으로 유일한 권위를 가진 오직 한 명의 유능한 상급 지휘관만을 필요로 한다. 분권화된 시스템은 모든 수준에서 온전하고 시기적절한 판단을 해 보이는 리더들을 필요로 한다. 주도권은 지휘관들 사이에 유능의 필수조건이 된다.

우리의 철학은 또한 전우 사이의 친밀함을 필요로 한다. 우리는 오직 공통의 이해를 통해서만 노력의 통일에 필요한 암묵적 의사소통을 키울 수 있다. 아마도 가장 중요하게도 우리의 철학은 상급자와 하급자 사이에 믿고 맡길 수 있는 관계를 요구한다.

행동의 구성

우리의 목표는 단지 적 전력의 누적적 소모가 아니므로 우리는 어떻게 승리를 달성할 수 있을지에 관한 어떤 큰 계획을 하고 있어야만 한다. 즉, 무엇보다도 우리는 어떻게 이길지를 생각하고 있어야만 한다.

첫 번째로 필요한 것은 우리가 성취하려고 하는 것이 무엇이며, 왜 그러하고, 어떻게 성취할 것인지를 확립하는 것이다. 명확하게 정의된 개념과 의도가 없다면 필요한 노력의 통일은 생각할 수 없다. 우리는 적의 무게중심을 무너뜨리고 우리의 임무를 성취하는 데 가장 직접적으로 이끌 적의 **치명적** 약점을 파악해야만 한다. 이것을 하면 우리는 방면작전, 작전, 전투, 군사 충돌을 우리에게 유리하게 짜는 것을 시작할 수 있다. 마찬가지로 우리는 적의 눈으로 우리를 바라보도록 노력해야 한다. 그래야 적이 공격할 수 있는 우리의 약점을 파악하고 적이 무엇을 할 것인지를 예측해 그에 대처할 수 있다. 이상적으로는 군사 충돌이 시작될 때 문제가 이미 해결될 것이다. 적과 만나는 것에 이르는 사건들에 영향을 주는 것을 통해 우리가 전쟁의 조건을 그렇게 만들었고 결과는 당연지사가 된다. 우리는 행동을 결정적으로 우리에게 유리하게 구성했다.

행동을 우리에게 유리한 쪽으로 만들기 위해 우리는

시간과 공간을 앞서는 생각을 해야만 한다. 우리는 이것을 계획을 통해 자주 한다. 이것은 상세한 사건 예정표를 짜는 것을 의미하지 않는다. 우리는 전쟁이 본질적으로 무질서하다고 이미 결론을 내렸고, 그 조건을 어떤 식으로든 정확하게 결정하는 것을 기대할 수 없다. 오히려 우리는 전쟁의 일반 조건을 구성하기를 시도한다. 이 구성은 직접 공격에서 심리 작전까지, 전자전에서 미래의 작전을 위한 중요 장비의 축적까지 스펙트럼을 아우르는 치명적 행동과 비치명적 행동으로 이루어진다. 행동의 구성은 적을 공격에 취약하게 만들고, 아군의 기동을 촉진하며, 결정적 전투의 시간과 장소를 결정할 것이다. 예시로는 적의 움직임을 바라는 방향으로 유도하는 것, 분열된 적과 싸울 수 있도록 적 증원부대의 도착을 차단하거나 지연시키는 것, 기만행동으로 적의 기대를 만들어 우리가 그 기대를 활용하는 것을 들 수 있다. 우리는 우리의 특정 능력을 최대로 높이기 위해 적의 특정 능력을 공격할 수 있다. 예를 들면 우리의 항공 능력을 극대화하기 위해 적의 방공을 파괴하는 작전을 개시하는 것이다.

 지휘관은 구성을 통해 주도권을 얻고 여세를 유지하며 작전의 속도를 통제한다. 우리는 또한 결정적 작전의 순간이 올 때 오직 하나의 행동 경로에 우리를 한정하지 않도록 몇몇 선택의 여지가 있는 방식으로 사건을 구성하도록 노력해야 한다.

 우리가 앞서 생각할수록 우리의 실제 영향력은 줄어들 수 있다. 따라서 앞서 생각할수록 우리가 가하려는 정확도를 줄여야 한다. 이렇듯 앞을 내다보는 것은 직접적 영향력이 줄고 가능한 미래 행동의 기초가 되는 문제가 된다. 사건이 다가오고 사건에 영향을 미치는 우리의 능력이 향상되면서 우리는 상황을 이해하고 어떻게 상황을 구성할지를 이미 개발했다.[6]

 지휘 계층이 올라갈수록 영향력의 범위는 더 커지고 우리는 시간과 공간을 앞서 행동을 구성하는 법을 찾아야만 한다. 군사 전략을 개발하고 추구하는 상급 지휘관은 수 주, 수 월, 또는 그보다 더 많은 시간을 앞서 내다보며, 영향력과 관심의 범위는 전역 전체를 아우른다. 당면한 전투와 군사 충돌을 하는 하급 지휘관은 몇 시간 내, 수 분, 그리고 눈앞의 전장에 관심이 있다. 운영하는 범위에 상관없이, 원하는 결과와 그 결과를 달성할 시간과 공간에서 행동을 어떻게 구성할지 머릿속으로 그려보는 게 필수이다.

의사 결정

모든 행동은 의사 결정을 하거나 하지 않는 것의 결과이므로 의사 결정은 전쟁의 수행에 필수이다. 의지가 빈약해 의사 결정을 내리지 못한다면 우리는 자발적으로 적에게 주도권을 빼앗긴다. 우리가 어떤 이유로 행동을 취하는 것을 의식적으로 미룬다면 그것이 바로 의사 결정이다. 이렇듯 행동을 위한 기초로는 어떤 의사 결정이든 하는 것이 하지 않는 것보다 일반적으로 낫다.

전쟁은 대립하는 의지 사이의 갈등이므로 우리는 진공 상태에서 결정을 내릴 수 없다. 우리는 적의 예상되는 반응과 반격에 비추어 결정을 내려야 하며, 우리가 우리의 의지를 적에게 강요하려고 하듯이 적도 마찬가지로 우리에게 그렇게 하려고 한다는 것을 인식해야 한다.

시간은 효과적 의사 결정에서 결정적 요인이며, 때론 가장 중요한 요인이다. 효과적 의사 결정의 핵심 부분은 결정할 수 있는 시간이 얼마나 있으며 어떻게 하면 그 시간을 최대한 이용할 수 있는가를 깨닫는 것이다. 일반적으로, 지속적으로 결정하고 그 결정을 이행할 수 있는 사람이라면 커다란, 때로는 엄청난 이익을 빠르게 얻는다. 이렇듯 의사 결정의 실행은 시간 경쟁의 과정이 되며 시기적절한 의사 결정은 속도의 창출에 필수가 된다. 시기적절한 의사 결정은 필수 요인에 한정하는 신속한 사고가 필요하다. 그런 상황에서 우리는 의사 결정 속도를 높이는 노력을 게을리해서는 안 된다. 즉, 찬찬히 계획을 수립하는 상황처럼 시간이 한정된 요인이 아닌 상황 또한 인정하며, 우리의 결정을 불필요하게 급하게 해서는 안 된다.

군사 결정은 수학적 계산이 아니다. 의사 결정은 주어진 문제의 본질을 파악하는 상황 인식과 실제적 해결책을 만들어내는 창조적 능력을 필요로 한다. 이 능력은 경험, 교육, 지능의 산물이다.

의사 결정은 경험에 기초한 직관적 과정이다. 이것은 유동적이고 불확실한 상황에서 낮은 수준의 의사 결정에는 사실일 것이다. 반대로, 의사 결정은 몇몇 대안을 비교하는 것에 기초한 분석적 과정일 수 있다. 이것은 찬찬히 계획을 세우는 상황이나 보다 높은 수준에서는 사실일 것이다.

우리는 기계적 **습관**보다 **인식**에 기초해 결정을 내려야 한다. 즉, 우리는 조건 반사보다 각 상황을 특별하게 만드는 핵심 요인을 예리하게 이해한 뒤에 행동한다. 우리는 보다 완전한 정보가 있을 때까지 미루는 것이 자연스러운 불확실한 때에도 힘든 결정을 내리고 그 결정에 온전히 책임을 지는 도덕적 용기를 가져야 한다. 정보가 불완전하다고 비상상황에서 행동을 미루는 것은 도덕적 용기가 없다는 것을 보이는 것이다. 우리는 경솔한 결정을 원치 않지만 더 많은 정보를 얻으려고 기회를 허비하는 일을 해서는 안 된다.

마지막으로, 모든 결정은 불확실성에 직면해 내려야 하고 모든 상황은 특별하기 때문에 전장의 문제에 완벽한 해결책이란 없다. 따라서 우리는 하나의 해결책을 두고 고뇌해서는 안 된다. 문제의 핵심은, 감수할 수 있는 수준의 리스크가 있는 유망한 행동 계획을 선택해 그것을 우리의 적보다 빠르게 실행하는 것이다. 이런 면에서 "지금 거칠게 실행하는 좋은 계획이 다음 주에 실행하는 완벽한 계획보다 낫다."[7]

임무 전술

우리가 기동전을 실천하는 한 가지 중요한 방법은 임무 전술을 이용하는 것이다. 임무 전술은 그 이름이 암시하는 것처럼 임무를 어떻게 수행해야 하는지 상세하게 지시하지 않고 부하에게 임무를 맡기는 것이다.[8] 우리는 부하에게 임무를 달성하는 방법을 맡기는 것을 통해 자유를 주고 의무를 확립한다. 부하는 상황에 기초해 필요하다고 생각하는 모든 조치를 한다. 임무 전술은 부하의 자발성의 실행에 의존하지만, 그것은 적절한 지도와 이해에 의해 틀이 만들어진다.

임무 전술은 부하의 실행 세부사항보다는 보다 높은 차원의 관심사에 집중하도록 시간을 자유롭게 하기에 상급 지휘관에게 이득이다. 상관은 실행 방법을 협력에 꼭 필요한 정도로만 규정한다. 상관은 부하의 실행에 오직 예외로만 개입한다. 우리가 바라는 빠른 속도를 가능하게 하는 것은 자발성을 위한 자유이다. 부하는 위로부터 과도한 제한을 받지 않아야 자신의 행동을 변화하는 상황에 맞출 수 있다. 부하는 상관에게 그가 한 것을 보고하지만 허락을 기다리지는 않는다.

임무 전술은 상관과 부하 사이에 계약 역할을 한다. 상관은 부하의 행동을 불필요하게 규정하지 않으면서 부하가 임무를 수행하는 데 필요한 지원을 하기로 동의한다. 상관은 부하가 적절한 판단과 자발성을 발휘할 수 있도록 지도할 의무가 있다. 부하는 상관의 의도에 부합해 행동할 의무가 있다. 부하는 책임 있고 충성스럽게 행동하며 적절한 권한의 한계를 넘지 않기로 동의한다. 임무 전술은 부하가 자신의 행동을 큰 상황에 어떻게 맞출 것인지를 이해하는 "전체 그림을 보는 식견"으로 행동할 것을 요구한다.[9] 다른 말로 하자면 부하는 보다 높은 임무를 수행하는 데 기여하기 위해 언제나 자신의 위치보다 더 높게 생각해야만 한다.

우리는 다양한 노력에 통일성이나 집중성을 주는 수단 없이 분권화된 자발성을 허락할 수는 없다. 그렇게 하면 우리의 힘을 낭비하게 할 것이다. 우리는 원칙적으로 강요된 통제에 의해 통일성을 추구할 것이 아니라, 위에서 온 지도에 의해 주어지는 맥락 속에서 **조화로운** 자발성과 수평 조정을 통해 추구해야 한다.

지휘관의 의도

우리는 지휘관의 **의도**를 활용함으로써 이 조화로운 자발성을 아주 많이 달성한다. 지휘관의 의도는 부하가 자신의 행동을 보다 큰 맥락에서 이해하도록 돕는 도구이다. 의도를 주는 목적은 예상치 못한 사건이 일어나 원래의 계획에서 벗어났을 때 부하가 지휘관의 목표에 일치하게 판단과 자발성을 실행하기를 허락하기 위해서이다.

어떤 **임무**든 달성해야 하는 과제와 그 과제의 배후에 있는 이유나 의도의 두 가지로 이루어진다.[10] 이렇듯 의도는 모든 임무의 한 부분이다. 의도가 행동의 **목적**을 기술한다면 과제는 취해야 하는 행동을 기술한다. 과제는 **무엇**을 달성해야 하는지, 그리고 때로는 **언제 어디서** 달성해야 하는지를 표시하며, 의도는 **왜** 달성해야 하는지를 설명한다. 이 둘 중에서 의도가 더 중요하다. 상황이 변하면 과제는 더 이상 쓸모없게 될 수 있지만 의도는 더 오래가며 계속해서 행동을 지도한다. 지휘관의 의도를 이해하면 우리는 지휘관이 바라는 바와 조화를 이루며 자발성을 실행할 수 있게 된다.

부대의 의도는 부대의 임무를 내리는 지휘관에 의해 확정되며, 항상 그렇지는 않을지라도 보통은 한 단계 높은 지휘관이 확정한다. 지휘관은 보통 부하에게 내리는 임무 기술서의 일부로서 의도를 전달한다. 부하 지휘관은 부여받은 임무의 목적이 분명하지 않을 때는 분명한 목적을 요구해야 한다. 그 임무에 기초해 지휘관은 부대가 임무를 **어떻게** 달성할 것이고, 부하들에게 임무를 어떻게 맡길 것인지를 설명하는 작전 개념을 개발한다. 부하에게 주어지는 각각의 임무 기술서는 부하에 대한 지휘관의 의도가 담겨 있다. 각 부하에게 주는 의도는 지휘관이 위에서 받은 의도의 달성에 기여해야 한다. 이 의도의 하향식 흐름은 우리의 행동에 일치성과 연속성을 주며 자발성의 적절한 상향식 행사에 꼭 필요한 맥락을 확립한다.

의도는 부여받은 과업의 뒤에 오는 "~하기 위하여"라는 간단한 문구로 파악하는 것이 종종 가능하다. 적에 대한 우리의 집중을 유지하기 위해 우리는 종종 적에 대해 의도를 표현할 수 있다. 예를 들면 "적이 강을 건너 도주하는 것을 막기 위하여 다리를 통제하라"이다. 때로는 "~하기 위하여"라는 표현에 보다 상세한 지시를 추가하는 것도 필요하다. 어떤 경우에도 지휘관의 의도는 짧고 설득력 있게 표현되어야 한다. 즉, 간결할수록 더 좋다. 부하는 지휘관의 의도가 모든 결정을 지도하므로 상관의 의도를 항상 의식하고 있어야 한다. 복잡하고 숨어 있는 의도는 이 목적을 달성하는 데 실패할 것이다.

분명하게 표현되고 이해된 의도는 노력의 통일에 필수

이다. 이해의 어려움은 상관과 부하에게 비슷하게 주어진다. 상관은 자신의 목적을 완전히 분명하게 표현해야 하지만 자발성을 억제하는 식으로 해서는 안 된다. 부하는 상관이 기대하는 것을 분명하게 이해해야 한다. 나아가 두 사람은 최소한 두 단계 위에 있는 지휘관의 의도도 이해해야 한다.

주력

통일성을 주기 위한 또 다른 중요한 도구는 **주력**(主力)이다. 지휘의 범위 안에 진행 중인 모든 활동 중에서 우리는 그 순간의 성공에 가장 중요한 활동을 인식한다. 이 핵심 임무를 달성하는 책임을 맡은 **부대**가 주력으로 지명되며, 군대의 전투력이 모이는 초점이다. 주력은 모든 지원을 우선으로 받는다. 같은 지휘하에 있는 다른 모든 부대가 주력의 임무 달성을 지원해야만 하는 것이 분명해진다. 지휘관의 의도와 같이 주력도 부하의 자발성을 조화시키는 힘이 된다. 의사 결정에 직면해 우리는 스스로 묻는다. **어떻게 하면 주력을 가장 잘 지원할 수**

있을까?

우리는 어느 부대를 주력으로 지명해야 할지 가볍게 결정할 수 없다. 사실 우리는 이것을 결정했다. 즉, **결정한 것을 어떻게 달성할 것인가. 그 외 모든 것은 부차적이다.** 우리는 주력의 성공이 전체 임무의 성공을 보장하도록 작전을 주의 깊게 설계한다. 주력은 승리를 위한 주요 노력이므로, 우리는 적에 대해 최대한 효과를 내고 최고의 성공 기회를 잡을 수 있는 목표에 주력을 맞추어야 한다. 주력은 비록 철회할 수 없는 것은 아닐지라도 물리적, 도덕적 헌신을 동반한다. 주력은 우리에게 리스크를 감수하라고 강요하는 것처럼 우리에게 결정적 전투력을 집중하라고 강요한다. 그러므로 우리는 다른 곳에는 엄격한 절약을 실행하면서 적의 치명적 약점을 통해 적의 무게중심을 향해 우리의 주력을 겨냥한다.

각 지휘관은 작전마다 주력을 확정해야 한다. 상황이 변하면 지휘관은 주력을 바꿔 지금 시점에서 성공에 가장 결정적인 부대를 지원하는 것으로 전투력의 중심을 이동할 수 있다. 일반적으로 주력이 바뀔 때 우리는 실패를 보충하기보다 성공을 개척하기를 추구한다.

표면과 공백

간단히 말하면, 표면은 물체의 단단한 지점으로 적의 강세를 말하고 공백은 부드러운 지점으로 적의 약세를 말한다. 우리는 적의 시스템을 뚫고 들어간다는 목표로 적의 강세를 피해 적의 약세에 우리의 전력을 집중한다. 약세에 강세로 싸우는 것이 사상자를 줄이며 결정적 결과를 낼 가능성이 많다. 가능할 때마다 우리는 기존의 공백을 활용한다. 그것이 실패하면 새로운 공백을 만들어낸다.

공백은 실제로 적의 배치에 있는 물리적 공백일 수 있지만 시간이나 공간, 능력에서 약세일 수도 있다. 적이 과다 노출되어 취약한 순간, 방공망의 갈라진 틈, 개활지에서 방심하는 보병부대, 두 부대 사이의 경계가 될 수 있다.

 마찬가지로 표면은 실제의 방어 거점일 수 있지만 시간이나 공간, 능력에서 적의 강세일 수도 있다. 즉, 적이 위치나 특별한 무기 시스템의 기술적 우월성이나 능력을 방금 보충받아 통합했을 때일 수 있다.

 표면과 공백을 이해하는 데는 어느 정도 판단이 필요하다. 한 사례에서 표면은 다른 사례에서 공백일 수 있다. 예를 들어 산림은 차량의 이동을 억제하기 때문에 기갑부대에는 표면이지만 보병부대가 산림을 뚫고 침투할 수 있기 때문에 공백일 수 있다. 나아가 우리는 적이 공백으로 비치는 표면을 향해 우리를 유인하도록 배치를 위장할 수 있다고 예상할 수 있다.

 전쟁의 유동적 성격 때문에 공백은 영구히 지속하기 힘들며 일반적으로 가변적이다. 공백을 활용하기 위해서는 유연성과 속도가 필요하다. 우리는 계속적이고 공격적인 정찰 활동을 통해 공백을 적극적으로 찾아야 한다. 일단 공백을 찾으면 신속하게 전력을 그쪽으로 이동해 공백을 활용해야 한다. 이런 식으로 공백을 통해 후방으로부터 전투력을 "미는"것이 아니라 전방으로부터 전투력을 "당긴다."[11] 지휘관은 공백을 찾으려는 부하의 자발성에 의존해야 하며, 사전에 정해진 계획을 맹목적으로 따르기보다 기회에 신속하게 반응하는 유연성을 가져야 한다.

제병협동

전투력을 극대화하기 위해 우리는 가용한 자원을 우리에게 최대한 유리하게 사용해야 한다. 그러기 위해 우리는 제병협동(諸兵協同)의 교리를 따라야 한다. 제병협동이란 모든 병과의 완전한 통합으로 적이 하나의 병과에 반격하도록 해 다른 병과에는 취약해지는 것을 말한다. 적에게 문제가 아니라 딜레마를 주는 것으로, 아무런 승리도 없는 상황을 만드는 것이다.

우리는 제병협동을 달성하기 위해 낮은 수준에서는 전략과 기술을 사용하며 높은 수준에서는 임무 조직을 사용한다. 그렇게 함으로써 우리는 다른 부대의 상호 보완적 이점을 이용하며 기동성과 화력을 높인다. 우리는 다른 병과는 수행할 수 없는 임무에 각 병과를 사용한다. 예를 들어 우리는 항공대에 포병대는 동등하게 수행할 수 없는 과업을 맡긴다. 가장 낮은 수준에서 제병협동 사례는 타격팀 내의 자동화기와 유탄발사기의 상호 보완 사용이다. 우리는 자동화기의 대량 직사로 적을 꼼짝 못 하게 해 유탄발사기에 취약한 목표가 되게 한다. 만약 적이 유탄발사기의 영향을 피하기 위해 이동한다면 우리는 자동화기로 교전한다.

우리는 MAGTF 수준까지 그 사례를 확장할 수 있다. 우리는 우월한 육상 전력이 돌파 작전을 위해 신속하게 집중하기 위해 강습 지원 항공기를 사용한다. 우리는 보병부대가 침공하는 것을 지원하기 위해 화포와 근접 항공 지원을 사용한다. 우리는 침공을 저지하려고 이동하는 적의 증강을 차단하기 위해 종심 항공 지원을 사용한다. 화포로 효과적으로 격퇴하지 못하는 적은 근접 항공 지원으로 교전한다. 보병의 침공을 방어하느라 적은 분명 지원 병과에 취약해진다. 만약 적이 지원 병과에 자신을 보호하려고 한다면 우리의 보병은 적을 향해 기동적으로 움직일 수 있다. 우리의 침공을 막기 위해 적은 분명 예비 전력을 급하게 증강할 것이다. 그렇지만 우리의 종심 항공 지원을 피하기 위해 도로를 벗어나 움직일 것이고 이것은 서서히 이동한다는 것을 의미한다. 서서히 이동하면 우리의 침공을 적시에 막을 수 있게 증강할 수 없다. 우리는 적을 딜레마에 빠뜨린다.

결론

우리는 기동전의 목적과 특징을 이야기했다. 우리는 전쟁의 이런 스타일을 뒷받침하는 데 필요한 지휘 철학을 이야기했다. 우리는 기동전의 몇몇 전술을 이야기했다. 이 시점에 기동전의 본질은 전쟁에서 사용하는 특정한 방법이 아니라는 것이 분명해진다. 우리는 전쟁의 공식적 접근을 믿지 않는다. 우리가 믿는 것은 해병대원의 정신이다. 이 점에서 기동전은 제병협동처럼 해병 원정군 지휘관과 사격팀 리더에게 동등하게 적용된다. 그것은 상륙작전이든 상륙 후 지구작전이든, 저강도이든 고강도 분쟁이든, 적이 게릴라이든 기갑부대이든, 정글에서 싸우든 사막에서 싸우든, 분쟁의 본질과 상관없이 적용된다.

기동전은 전쟁 중의 사고법이자 전쟁에 관한 사고법으로 우리의 모든 행동을 구성해야 한다. 기동전은 대담한 의지, 지성, 자발성, 그리고 냉철한 기회주의에서 태어난 마음의 상태이다. 적을 마비시키고, 혼란시키고, 적의 강세를 회피하고 적의 약세를 신속하면서도 공격적으로 이용해 피해를 최대한 주는 식으로 타격함으로써 적을 정신적, 물리적으로 분쇄하겠다는 마음의 상태이다. 요약하자면 기동전은 우리의 손해를 최소로 하면서 적에게는 결정적 타격을 최대로 주는 철학, 즉 "똑똑하게 싸우기" 위한 철학이다.

미주

제1장 미주

1. Carl von Clausewitz, *On War*, trans. and ed. Michael Howard and Peter Paret (Princeton, NJ: Princeton University Press, 1984) p. 119. 이 미완성의 고전은 주장하건대 전쟁의 본질과 이론에 관한 가장 권위 있는 논고이다. 모든 해병 장교는 이 책을 필독서로 삼아야 한다.

2. B. H. Liddell Hart, *Strategy* (New York: New American Library, 1974) p. 323.

3. A. A. Vandegrift, *"Battle Doctrine for Front Line Leaders,"* (Third Marine Division, 1944) p. 7.

4. "전쟁은 대규모로 행해지는 결투[Zweikampf, 문자적으로 '양자갈등']이다. 무수한 결투가 전쟁을 구성하지만 전체적인 하나의

그림은 한 쌍의 레슬링 선수를 상상하는 것으로 그려질 수 있다. 각자는 물리적 힘으로 상대를 자신의 의지에 굴복시키려고 한다. 그 지향하는 즉각적 목적은 상대가 앞으로 저항하지 못하도록 잡아 던지는 것이다." Clausewitz, *On War*, p. 75. 또한 다음도 보라. Alan Beyerchen, "Clausewitz, Nonlinearity, and the Unpredictability of War," *International Security* (Winter 1992/1993) pp. 66~67.

5. Clausewitz, p. 121.

6. 같은 책, p. 595.

7. 전쟁에서 인간의 경험과 반응을 직접 체험한 것을 기술한 것으로는 Guy Sajer의 *The Forgotten Soldier* (Baltimore, MD: Nautical and Aviation Publishing Co., 1988)를 읽으라. 이것은 제2차 세계대전의 동부 전선에서 독일군 보병으로 겪었던 저자의 경험을 강렬하게 기술한 것이다.

8. "물론 마음씨 고운 사람들은 피를 많이 흘리지 않고도 적을 무장 해제시키거나 패배시키는 어떤 기발한 방법이 있으며, 이것이야말로 전쟁의 기술이 추구하는 진정한 목표라고 생각할지 모른다. 즐겁게 들리기는 해도 그것은 반드시 드러나야만 하는 오류이다. 전쟁은 상냥함에서 생기는 실수가 가장 치명적인 것이 되는 위험한 비즈니스이다….

문제는 전쟁을 어떻게 볼 것이냐이다. 전쟁의 잔혹함에 괴로움을 피하고자 전쟁의 현실에 눈을 감으려는 노력은 무익하며 나쁘기까지 하다." Clausewitz, pp. 75~76.

9. 전투에 대한 인간의 반응을 통찰력 있게 연구한 것으로는 S. L. A. Marshall's *Men Against Fire* (New York: William Morrow and Co., 1961)를 보라. 연구 방법에 대한 비난에도 불구하고 이 점에 대한 마셜의 연구는 가치가 있다.

10. *The American Heritage Dictionary* (New York: Dell Publishing Co., 1983).

11. 나폴레옹은 그의 자주 인용되는 격언에서 "전쟁에서 정신과 물질은 3대 1이다"라는 구체적인 비율을 제시하였다. Peter G. Tsouras, *Warrior's Words: A Dictionary of Military Quotations* (London: Cassell, 1992) p. 266.

제2장 미주

1. Clausewitz, p. 87.

2. Sun Tzu, *The Art of War*, trans. S. B. Griffith (New York: Oxford University Press, 1982) p. 85. 클라우제비츠의 《전쟁론》과 마찬가지로 《손자병법》은 모든 해병 장교의 필독서가 되어야 한다. 읽기에 짧고 간결한 《손자병법》은 그것이 쓰인 기원전

400년 무렵과 똑같이 귀중하다.

3. Winston S. Churchill, *The World Crisis*, vol. 2 (New York: Charles Scribner's Sons, 1923) p. 5. 그 구절 뒤로 다음과 같이 계속된다. "나라의 기초와 지휘관의 명성을 만든 군사 예술의 걸작으로 여겨지는 거의 모든 전투가 기동전이었다. 기동전은 새로운 방법이나 장치, 기묘하고 신속한 예상외의 습격이나 전략 등으로 적을 분쇄한다. 많은 전투에서 승자의 피해는 적었다. 위대한 지휘관은 풍부한 상식과 추리력, 상상력 뿐만 아니라 적을 타격하고 당황하게 만드는 독창적이면서 사악한 속임수의 요소도 있어야 한다. 군사 지도자는 살육을 억제하면서도 승리를 확보하는 이런 지시의 재능을 갖고 있기에 그들의 직업이 그런 높은 명성을 누리는 것이다….

전쟁에는 여러 종류의 기동이 있으나 전장에서 발생하는 기동은 몇몇에 불과하다. 기동은 측면이나 후면에서 멀리 떨어진 곳에서 일어난다. 시간, 외교, 방법, 심리에도 기동이 있다. 이 모든 것은 전장에서 보이지 않을지라도 자주 전쟁에 결정적 영향을 준다. 그리고 그것들의 목적은 주된 목표를 달성하기 위해 살육 이외의 쉬운 방법을 찾는 것이다."

4. Clausewitz, pp. 69와 87. 군사력은 국력을 대체하는 것이 아니라 보충한다고 인식하는 것이 중요하다. 클라우제비츠의 이 유명한 생각에 대한 가장 완전한 표현은 605페이지에 있다. "우리는 … 전쟁은 정치적 교섭의 연장선 위에 다른 수단을 추가한 것에 지나지 않는다고 주장한다. 우리는 '다른 수단을 추가한'이라

는 표현을 의도적으로 사용한다. 왜냐하면 전쟁은 그 자체로 정치적 교섭을 대체하거나 무언가 완전히 다른 것으로 바꾸지 않는다는 것을 분명히 하고 싶기 때문이다."

5. 같은 책, pp. 87~88.

6. 섬멸이라는 용어는 많은 사람에게 적의 병력과 장비를 모두 물리적으로 완전하게 파괴하는 것을 의미한다. 이것은 거의 달성되지 않으며 필요하지도 않다. 반대로 무력화가 문자적으로 우리가 전달하고자 하는 뜻이다. 무력화는 적의 군사 저항 능력을 파괴하는 것이다. Hans DelbrUck, *History of the Art of War Within the Framework of Political History*, trans. Walter J. Renfroe, Jr., 특별히 vol. 4, chap. IV (Westport, CT: Greenwood Press, 1975~1985)를 보라.

7. 침식 전략은 고전적 군사 이론에서 소모 전략으로 알려져 있다. 이 두 개념은 같은 것이다. 우리는 소모전의 전술적 개념과 혼돈을 피하기 위해 침식이라는 단어를 사용한다. Delbruck, 특별히 vol. 4, chap. IV를 보라.

8. **전쟁의 전략적 수준:** "국가가 흔히 국가 집단의 일원으로 국가나 다국적 연합(동맹 또는 연합)의 안보 목표와 지침을 결정하고 그 목표를 달성하기 위해 국가 자원을 개발하고 사용하는 전쟁의 수준이다. 이 수준에서 활동은 국가와 다국적 연합의 목표를 확립하고, 주도권의 순서를 정하며, 국력의 군사적 및 다른 도구를

사용하는 데서 나오는 한계와 리스크를 확실히 하며, 그 목표를 달성하기 위한 세계 계획이나 전역(戰域) 계획을 세우며, 전략 계획에 대응하는 군사력과 다른 능력을 제공한다." (Joint Pub 1-02)

9. **국가 전략**(대(大)전략이라고도 한다): "국가의 목적을 확보하기 위해 평시와 전시에 국가의 군사력과 함께 정치적, 경제적, 심리적 힘을 개발하고 사용하는 기술과 과학이다." (Joint Pub 1-02)

10. **군사 전략:** "군사력의 행사와 위협으로 국가 정책의 목적을 확보하기 위해 국가의 군사력을 사용하는 기술과 과학이다." (Joint Pub 1-02)

11. **전쟁의 전술적 수준:** "전술 부대나 임무 부대에 할당된 군사 목적을 달성하기 위해 전투나 교전을 계획하고 실행하는 전쟁의 수준이다. 이 수준의 활동은 전투 목적을 달성하기 위해 각 부대와 적과 관련한 전투 요소의 질서 있는 배치와 기동에 집중한다." (Joint Pub 1-02)

12. **전쟁의 운영적 수준:** "전역이나 작전 영역 내에서 전략적 목적의 달성을 위해 군사 활동과 주 활동을 계획하고 실행하고 계속하는 전쟁의 수준이다. 이 수준의 활동은 전략 목적의 달성에 필요한 작전 목적을 세우고, 작전 목적의 달성을 위해 활동의 순서를 매기며, 이러한 활동을 개시하고 지속하기 위한 자원을 사용함

으로써 전술과 전략을 연결한다. 이 활동들은 전술에 비해 시공간의 범위가 넓다는 것을 의미한다. 그리고 전술 부대의 병참과 관리 지원을 확보해 전술적 성공이 전략적 목적의 달성을 위해 유효하게 사용되는 수단을 제공한다." (Joint Pub 1-02)

13. Clausewitz, p. 357.

14. 같은 책, p. 528.

15. 소모-기동의 스펙트럼에 관한 훌륭한 논의와 소모와 기동의 역사적 사례에 관해서는 Edward N. Luttwak, *Strategy: The Logic of War and Peace* (Cambridge, MA: Belknap Press of Harvard University Press, 1987) pp. 91~112를 보라.

16. **전투력**: "주어진 시간에 군의 부대나 편성이 적에게 사용할 수 있는 모든 파괴적 그리고/또는 방해적 수단." (Joint Pub 1-02)

17. Clausewitz, p. 194.

18. **템포**는 "의사 결정 사이클", "OODA 루프", "보이드 사이클"로 다양하게 알려진 정신 과정과 자주 관련된다. 존 보이드는 "갈등의 유형"이라는 강의에서 이 개념을 주창했다. 보이드는 관찰, 정세 판단, 의사 결정, 실행이라는 네 단계의 정신 과정을 특정했다. 보이드는 분쟁의 각 당사자는 먼저 상황을 관찰한다고 이론화하였다. 그 관찰의 기초 위에 상황을 판단한다. 즉, 상황을 평

가한다. 그 판단의 기초 위에 결정을 내린다. 마지막으로 실행한다. 즉, 행동한다. 행동은 새로운 상황을 만들기 때문에 그 과정은 다시 시작된다.

보이드는 이 사이클을 지속적으로 빠르게 완성하는 쪽이 각 사이클마다 늘어나는 이득을 얻는다고 주장했다. 적의 반응은 그에 비해 점점 늦어지고 비효과적이 되어 결국 행동에 제압되고 만다. "A Discourse on Winning and Losing: The Patterns of Conflict," 미출간 강의 노트와 도표, 1987년 8월.

19. Clausewitz, p. 198.

20. 같은 책, p. 190.

21. Clausewitz, pp. 485와 595~596을 보라. **무게중심:** "군대가 행동의 자유나 물리력, 싸우려는 의지를 얻는 성질이나 능력, 장소." (Joint Pub 1-02)

제3장 미주

1. Hans von Seeckt, *Thoughts of a Soldier*, trans. G. Waterhouse (London: Ernest Benn Ltd., 1930) p. 123.

2. FMFRP 12~46, *Advanced Base Operations in Micronesia*

(August, 1992) p. 41. FMFRP 12~46은 얼 H. 엘리스 소령이 1921년에 쓴 Operation Plan 712의 재판이다.

3. **전력 계획 수립:** "군사 능력의 창조 및 유지와 관련한 계획 수립이다. 주로 국방부와 군대의 책임이며, 국방부 장관에서 국방부와 군대까지 이르는 행정 통제 아래에서 이루어진다." (Joint Pub 1-02)

4. **교리:** "군대 또는 군대의 요소가 국가의 목적을 지원하는 활동을 지도하는 근본 원리. 교리는 권위가 있지만 그 적용에는 판단이 필요하다." (Joint Pub 1-02)

5. Field Manual 100-5, *Tentative Field Service Regulations: Operations*, published by the War Department (Washington, D.C.: Government Printing Office, 1939) p. 31.

6. "지휘관의 대담한 행동이 실패로 끝날 수 있다. 그런데도 그것은 칭찬받을 만한 실수이며, 다른 실수와 똑같이 취급되어서는 안 된다. 타이밍을 잘못 맞춘 대담성이 빈발하는 군대는 행복하다. 그것은 무성한 잡초이지만 땅이 비옥하다는 증거이다. 심지어 무데뽀, 즉 목적 없는 대담성도 괄시를 받아서는 안 된다. 사고(思考)에 의해 억제되지 않은 정열에서 분출된 것일지라도, 기본적으로 그것은 용맹성에서 나온 것이다. 복종에 반기를 들 때, 명시된 명령에 반항해 무시할 때만 위험한 공격으로 취급해야 한

다. 그럴 때는 반드시 저지되어야 하는데, 그 이유는 대담성의 본래 성질 때문이 아니라 명령에 불복종했기 때문이며, 전쟁에서 복종은 극히 중요하다." Clausewitz, pp. 190~191.

제4장 미주

1. Sun Tzu, p. 101.

2. 같은 책, p. 134.

3. Sir William Slim, *Defeat into Victory* (London: Cassell and Co. Ltd, 1956) pp. 550~551.

4. **기동:** "임무 달성을 위해 적보다 우월한 위치를 차지하려고 화력 또는 화력 가능성을 조합하는 활동을 통해 전장에서 무력을 전개하는 것." (Joint Pub 1-02)

5. 보이드는 "A Discourse on Winning and Losing: An Organic Design for Command and Control"에서 암묵적 의사소통을 하나의 지휘 도구로 소개한다.

6. 영향 영역과 관심 영역이라는 용어가 있다. **영향 영역:** "지휘관의 명령이나 통제하에 기동이나 화력 지원 시스템으로 지휘관이 작전에 직접적으로 영향을 미치는 것이 가능한 지리적 범위." **관심**

영역: "영향 영역과 거기에 인접하는 영역들을 포함하고, 현재 또는 예정된 작전 목적에 해당하는 적지까지 확장되는 지휘관에게 관심거리가 되는 영역. 이 영역은 임무 달성을 위험에 빠뜨릴 수 있는 적이 점령한 영역 또한 포함한다." (Joint Pub 1-02)

7. George S. Patton, Jr., *War As I Knew It* (New York: Houghton Mifflin, 1979) p. 354.

8. 지휘 통제의 맥락에서 임무 명령과 통제로도 불린다. 임무 전술은 대강 명령의 사용을 포함한다. **대강 명령:** "임무를 어떻게 달성할지를 명시하지 않은 채 임무를 수행하도록 부대에 내리는 명령." (Joint Pub 1-02)

9. David Hillel Gelernter, *Mirror Worlds, or, The Day Software Puts the Universe in a Shoebox: How It Will Happen and What It Will Mean* (New York: Oxford University Press, 1991) pp. 51~53. 만약 "통찰이 내부의 깊은 곳을 파고들어 가 얻는 해명이라면, 전체 그림을 보는 식견은 하늘 높이 유리한 곳에서 새의 눈으로 바라보는 것에서 오는 전체를 드러내는 큰 그림이다. 그것은 부분이 서로 어떻게 맞물리는지를 보여 준다."

10. **임무:** "취해야만 하는 행동과 그 이유를 목적과 함께 명시한 과업." (Joint Pub 1-02)

11. reconnaissance pull과 command push라는 용어가 있다. 이

에 관해서는 William S. Lind's *Maneuver Warfare Handbook* (Boulder, CO: Westview Press, 1985) pp. 18~19를 보라.

어떻게 이길 것인가

초판1쇄 발행 | 2018년 7월 30일
초판2쇄 발행 | 2024년 1월 24일

지은이 | 미국 해병대
옮긴이 | 이은종

발행처 | 주영사
발행인 | 이은종
등록번호 | 제379-3530000251002006000005호
등록일 | 2006년 7월 4일(최초 등록일 2006년 3월 7일)
주 소 | 경기도 성남시 수정구 산성대로 437번길 7, 112동 103호
전 화 | 031-626-3466
팩 스 | 0505-300-2087
홈페이지 | http://juyoungsa.net
이메일 | juyoungsa@gmail.com

ISBN 978-89-94508-27-6 93390

* 잘못된 책은 바꾸어 드립니다.
* 책값은 표지에 있습니다.

국립중앙도서관 출판예정도서목록(CIP)

어떻게 이길 것인가 / 지은이: 미국 해병대 ; 옮긴이: 이은종.
-- 성남 : 주영사, 2018
　p. ;　　cm

원표제: Warfighting
원서의 총서표제: Marine corps doctrinal publication
원저자명: United States Marine Corps
영어 원작을 한국어로 번역
ISBN　978-89-94508-27-6　93390 : ₩13000

전쟁[戰爭]

392-KDC6
355.07-DDC23　　　　　　　　　CIP2018007608